CEO가 알아야 할
가업승계를 위한 10가지 실전 전략

KB194868

"왜 우리 회사는 가업승계가 어려울까?"라는
질문에 대한 해법!

CEO가 알아야 할 가업승계를 위한 10가지 실전 전략

이문환 지음

두드림미디어

"이 책의 감수를 맡아주신 저의 오랜 파트너인
세무사이며 법무사인 박경호 대표님께 감사의 말씀을 드립니다."

"미래를 예측하는 가장 좋은 방법은 미래를 만드는 것이다."
"The best way to predict the future is to create it."

– 피터 드러커(Peter Drucker. 1909~2005)

약 10년 전 지방의 모 도시에서 젊은 기업인 2세들을 대상으로 한 강의가 있었습니다. 강의 주제는 가업승계였지만 주로 대한민국의 상속세가 OECD 1위라는 것과 기업경영에 관련된 여러 실전 전략들을 소개하는 강의였습니다. 주로 세무, 회계에 관련된 내용이라 전공자가 아니면 어렵고 생소해서 지겨울 만한 분위기였습니다. 준비한 강의를 마치고 질의응답 시간을 가졌는데, 지겨워하던 참석자들의 눈빛을 초롱초롱하게 만든 질문이 나왔습니다. 한 참석자가 가업승계 방법을 아주 짧고 간단하게 설명해달라며 짓궂은 요청을 한 것이었습니다. 그래서 저는 이렇게 답변했습니다.

"기업가치를 낮춘다. 주식을 이동시킨다. 끝."

이 답변은 '코끼리를 냉장고에 넣는 방법'이라는 이야기를 비유해서 한 것이지만, 핵심은 다 들어가 있습니다. 모두들 아시는 "냉장고 문을 연다. 코끼리를 넣는다. 냉장고 문을 닫는다. 끝"이라는 이야기입니다. 코끼리를 냉장고에 넣는 방법이라는 이야기는 코끼리를 냉장고에 넣는 과정을 무시한 싱거운 농담에 지나지 않지만, 가업승계를 준비하는 기업에서 주식 이동 전 기업가치를 낮출 수만 있다면 가업승계는 어려운 일이 아닙니다.

답변 후 웃음이 터져 나오다 한순간 조용해졌습니다. 저의 답변에 재치와 실망과 염려를 느낀 참석자들의 표정에는 많은 생각이 담겨 있는 듯했습니다.

그리고 최근 기업인들이 모이는 행사에서 10년 전 기업인 2세 모임에서 만났던 참석자를 우연히 다시 만났습니다. 지금은 부친과 공동 대표로 근무 중이며, 아직 가업승계 전이라고 했습니다. 그리고 털어놓길 여전히 가업승계를 어떻게 하면 좋을지 방향을 잡지 못하겠다는 것이었습니다.

저는 기업인들을 대상으로 강의하면서 참석자들이 느끼는 가업승계에 관한 어려움이 무엇인지 이해하려고 노력해왔습니다. 기업인들이 '가업승계'를 함에 있어 실질적인 어려움이 구체적으로 무엇인지 듣다 보니 그 원인이 크게 3가지로 좁혀졌습니다.

첫째, 승계를 받고자 하는 자녀가 없다는 것입니다. 남들이 보면 기업을 이어받아 경영자가 되는 것은 분명 부러울 만한 일이지만, 자녀 중에 가업을 이어받는 것에 관심이 없고, 오히려 다른 직업에 매력을 느끼는 경우도 많습니다.

둘째, 가업승계를 위한 비용이 너무 많이 든다는 것입니다. 일단 대한민국은 OECD 국가 중 상속세 1위 국가라는 사실입니다. 자녀에게 물려주고 싶어도 상속세율이 50%나 되니 상속 이후에 승계자들이 겪을 고충을 생각해서 차라리 회사를 물려주지 않고, 대표자 본인 대에 기업을 매각하는 것을 고려하기도 합니다.

셋째, 앞의 2가지 문제를 극복했다고 하더라도, 가업승계를 진행하는 방법이 너무 어렵다는 문제가 있습니다. 국가에서 기업 존속을 위한 제도로서 가업승계 지원 제도를 마련해서 상속과 증여에 세 부담이 덜하도록 해두었음에도 불구하고, 그 실행 조건이 너무 까다롭고 엄격해서 성공률이 낮기 때문에 이 또한 선택하기가 쉽지 않은 것입니다.

가업승계는 일반 국민들은 전혀 관심이 없고 오직 기업인들만 가진 고충이므로 사회적 이슈가 되지도 않고, 어쩌다 기업인들의 유고가 있을 때마다 반짝 이슈가 될 뿐입니다. 언젠가는 우리나라도 상속 관련 법이 개정되어 상속세 부담이 경감되겠지만, 중요한 것은 이미 창업 세대의 고령화로 인해 가업승계 문제가 눈앞에 닥쳤다는 것입니다.

지금은 고인이 된 미국의 저명한 경영학자이며, 작가이자 경영 컨설턴트인 피터 드러커(Peter Drucker)는 "미래를 예측하는 가장 좋은 방법은 미래를 만드는 것이다(The best way to predict the future is to create it)"라고 말했습니다. 가업승계를 해야 하는 상황이 임박하고 이미 닥쳤을 때, '시간이 없었다', '방법을 몰랐다'와 같은 이유로 아무것도 할 수 없어, 기업인들이 평생 갈고닦은 위대한 성취를 무위로 돌리는 것은 무책임하면서도 재앙과 같은 일이 아닐 수 없습니다. 기업경영은 단순히 한 가문을 경영하는 것과는 다릅니다. 기업이 가진 사회적 책임은 가장을 고용해서 가계를 유지하게 하고, 사회를 만들며, 나아가 국가의 존립을 유지하는 것입니다. 기업이 반드시 존속되어야 할 이유입니다. 가장 늦었을 때가 가장 빠른 법입니다. 지금부터 가업승계를 위해 계획적으로 준비하면 됩니다. 언젠가 일어날 가업승계에 관한 골치 아픈 일들을 기다리지 말고 적극적으로 대응해야 합니다.

덜 만족스러운 시스템에 의존해서 기업의 존폐를 맡길 것입니까? 아니면 미래를 만드시겠습니까?

이 책의 특징은 가업승계를 준비하는 기업의 입장에서 기업가치를 낮추거나 지분을 이동시키기 위한 가장 확실하고, 최신 전략이며, 검증됐고, 안전하며, 합법적이고, 합리적이며, 결과가 예측 가능한 방법들을 소개하고 있습니다. 또한, 통념상 알던 가업승계 방법과의 차이를 알게 해줄 뿐만 아니라, 해당 가업승계 실전 전략의 출처와 원리를 설명하기 때문에 익숙해질수록 체계가 잡힌다는 것입니다.

PART 01은 PART 02의 내용을 잘 이해하기 위한 개념 설명으로 구성되어 있으며, PART 02의 내용은 가업승계를 위한 비상장 기업의 주가를 낮추거나 주식 이동을 하기 위한 여러 실전 전략을 다루고 있습니다. 이 책은 현직 경영 컨설턴트가 제시하는 가업승계를 위한 실전 전략서로서 상대적으로 보수적이어야 할 전문 자격사와는 표현이나 결이 다릅니다.

그동안 가업승계에 관한 전통적인 책들이 많이 나왔습니다. 이 책은 패러다임을 바꾸는 내용들로 가득한 최초의 책이기 때문에 앞으로는 비슷한 류의 책이 많이 나올 것입니다. 학교나 교과서에서 배운 내용을 막상 사용해보면 결과가 기대에 못 미치는 경우가 많지 않습니까? 실전에서 통하는 전략이 바로 살아 있는 전략입니다. 부디 이 책이 경영 실전에 제대로 접목되어 기업이 가진 가치와 대표자의 업적이 승계자에게로 전수되는 데 도움이 되길 기대합니다.

이문환

차례

PART 02

가업승계를 위한 실전 경영전략 10

PART 01

CEO를 위한 경영전략 이해

PART 01에서 익힌 개념을 기본으로 PART 02 에서 실전에 접목할 수 있도록 합니다.

재무상태표,
돈의 출처와 상태를 이해하라!

1. 재무상태표, 누적된 기업의 성적표는
하루아침에 완성되지 않는다!

재무상태표란 일정한 시점의 기업의 재산 상태를 나타내는 재무제표 중 하나입니다. 그 기업의 자산, 부채, 자본에 대한 회계정보를 제공해주며 손익계산서와 함께 재무제표의 일부를 구성합니다. 그 기업이 건전한지 부실한지 등의 정보를 얻을 수 있습니다.

자산은 기업의 재산의 '상태'를 말하며 부채와 자본은 재산의 '출처'를 말합니다. 기업에서 은행으로부터 차입을 해와 부채계정에 표시되고, 현재 그 차입금이 아직 사용되지 않고 법인의 통장에 들어 있다면 자산계정의 현금 및 현금성 자산으로 표시되는 것입니다.

즉, 출처는 은행으로부터의 차입이고 상태는 법인통장으로의 예금인 것입니다. 기업의 주주가 증자를 해서 자본이 늘어났다면 출처는 차입이 아닌 자기 조달로 자본에 표시되고, 늘어난 설비를 늘렸다면 상태를 나타내는 자산에는 기계설비가 되는 것입니다.

남의 돈인 부채와 내 돈인 자본이 합쳐져 자산이 됩니다.

자 산 = 부 채 + 자 본

재무상태표 [Balance sheet(B/S)]

자산 (현금) (기계설비)	부채(ex. 은행에서 차입)
	자본(ex. 주주가 증자)

재무상태표를 통해 일정 시점에 회사의 자산과 부채, 자본이 얼마가 되는지와 이에 따른 자본이나 부채의 크기, 비율에 따라 기업이 얼마나 부실한지 알 수 있습니다. 가장 쉽고 흔하게 기업의 재무건전성을 나타내는 경영지표로서 부채비율을 봅니다.

2. 부채비율, 기업의 평판이 담긴 지표다.
반드시 관리하라!

기업의 부채비율은 기업이 자본을 조달할 때 타인자본에 의존하는 정도를 나타내는 비율로 업종에 따라 차이는 있지만 보통 200% 이하면 건전하다고 봅니다. 기업은 특별한 사정이 없는 한 이 비율을 맞추도록 해야 할 것입니다.

$$부채비율 = \frac{부채}{자본} \times 100$$

예시

A 기업의 부채는 9,145,556,000원이고 자본은 7,208,005,000원입니다. 계산해보면,

$$부채비율 = \frac{9,145,556,000}{7,208,005,000} \times 100 = 126.9\%$$

부채비율이 126.9%로 건전한 수준입니다. 물론 더 디테일하게는 유동부채비율도 있습니다. 유동부채비율은 총부채 중에서 1년 안에 상환해야 하는 부채로 유동부채비율이 크다면 그만큼 기업의 재무적 안정성이 떨어진다고 볼 수 있습니다.

$$유동부채비율 = \frac{유동부채}{자본} \times 100$$

유동부채비율이 100%를 넘게 되면 자본구조가 불안정적이며, 유동성이 불안해서 위험하다고 판단될 수 있습니다.

3. 자본, 자기자본, 순자산은 같다?

자본이란 회사 영업을 위한 자금을 외부로부터 차입하는 것이 아닌 주주들이 조달한 것으로 자산에서 부채를 차감한 것입니다. 순자본, 자기자본, 순자산과 같은 개념이지만 실무적으로 사용될 때 혼돈되는 경우가 많습니다. 나중에 나올 비상장주식 가치평가를 할 때도 순자산이라는 개념이 나오는데 이 장에서 정리하는 것이 좋겠습니다.

	= 자기자본
순자본	= 자산−부채
	= 순자산

4. 자본금, 기업의 종잣돈은 얼마로 시작해야 할까?

자본금이란 주주가 기업설립 시 기업에 투자한 원금을 말하며 보통 주식회사의 경우 주식을 발행하지는 않지만 자본금은 주권의 [액면금액 × 주식발행 총수]입니다.

자본금은 경영전략의 출구전략에서 기업가치를 낮추기 위해 사용되는 미처분이익잉여금과 더불어 매우 중요한 계정으로서 자본금 및 자본계정에 있는 계정들의 이해가 매우 중요합니다.

실전 Tip 🔖 법인 설립 시 자본금이 많으면 좋을까요?

법인 설립 시 초기에 필요한 임대보증금 및 유형자산 등을 고려해서 준비를 해야 하지만 필요자금을 법인 설립 시에 반드시 전부 준비할 필요는 없습니다. 먼저 최소 자본금으로 설립하고 회사가 필요할 때 회사에 대여해도 됩니다. 회사에 필요한 자금을 대여하는 것을 가수금이라고 하는데, 가수금은 넣을 때도 큰 절차가 필요 없지만 빼낼 때도 마찬가지로 큰 절차를 필요로 하지 않습니다. 다만 가수금을 회수하지 않는 동안 회사에서는 부채로 인식합니다. 만일 장기간 가수금을 회수할 수 없어 부채비율이 나빠진다면 출자전환을 통해 가수금을 자본으로 전환하는 것도 고려할 수 있습니다. 출자전환에 관한 내용은 뒤에서 자세히 다루겠습니다.

법인 설립 시 자본금의 제한은 없습니다. 상법에 최저자본금의 기준이 개정되어 이론상 100원 이상의 자본금만 있어도 회사의 설립은 가능합니다. 다만, 건설업, 통신 재판매업, 의약품 도매업 등 사업목적에 따라 다양한 자본금 규정이 있습니다. 법인 설립 시 전문가와 상담을 통해 진행하시면 됩니다.

법인 설립 시 자본금은 정관의 규정을 따르도록 하는데, 발행주식의 액면총액을 자본금으로 합니다.

5. 자본잉여금의 구성 항목에는 무엇이 있을까?

자본잉여금이란 자본거래를 통한, 즉 증자, 감자 등을 통해 자본을 증가시키는 잉여금을 말합니다. 자본잉여금의 개념보다 자본잉여금의 구성 항목에는 무엇이 있는지 구성 항목별 발생 원인을 알아보겠습니다. PART 02에서 다룰 여러 실행전략에서 중요한 요소이므로 자본계정에서 자본금, 주식발행초과금, 이익준비금, 미처분이익잉여금을 잘 이해해야 합니다.

재무상태표 [Balance sheet(B/S)]

		〈부채〉	
〈자산〉		〈자본〉 **자본금**	
	자본잉여금	**주식발행초과금**	
		감자차익	
		기타자본잉여금	
	이익잉여금	**이익준비금**	
		임의적립금	
		미처분이익잉여금	

6. 주식발행초과금이 많이 발생하면 기업가치가 높다는 의미

회사가 액면가보다 높은 가액으로 주식을 발행할 때 액면가액을 초과하는 경우, 그 초과하는 금액이 주식발행초과금입니다. 회사가 증자를 할 때 주주들이 동일한 비율로 증자에 참여하는 경우는 액면가로 증자해서 증자분이 전부 자본금으로 들어가는 것입니다. 이때는 주식발행초과금이 발생되지 않습니다.

그러나 주주균등 증자가 아닌, 즉 주주의 일부만 증자에 참여하는 불균등 증자인 경우 시가증자를 해야 하는데, 이때 액면가와 시가의 차액이 발생됩니다. 증자에 참여한 주주는 본인이 신주발행에 투자한 자금의 일부인 액면가액이 자본금에 들어가고 나머지인 액면가와 시가의 차액이 주식발행초과금이 됩니다.

실전 Tip 📍 **주식발행초과금 계산**

(한 주당 발행가액(시가)✕증자 주식 수) - (한 주당 액면가✕증자 주식 수)입니다.

예시 액면가 10,000원 / 시가 13,000원 / 증자액 26,000,000원

(13,000✕2,000) - (10,000✕2,000) = 6,000,000(주식발행초과금)
26,000,000(증자액) - 6,000,000(주발초) = 20,000,000(자본금 전입)입니다.
증자되는 주식 수 = 2,000주

이렇게 불균등 증자일 때 시가로 증자하는 이유는 만일 기업이 설립 후 시간이 흘러 설립 때보다 가치가 올라 있는 경우 후발주자인 새로운 주주가 액면가로 증자할 수 있다면 경영 리스크나 노력 없이 적은 자금으로 최대주주가 되는 것입니다. 새로운 주주는 성장한 회사의 주주가

되기 위해 일종의 권리금을 지불하는 것입니다. 이렇게 발생된 주식발행초과금은 자본에 환입되어 주주들에게 세금 없이 지급될 수 있는데, 이는 PART 02의 '감액배당'에서 다시 다루겠습니다.

▶ 주식할인발행차금

주식발행초과금과 대비되는 것으로 회사가 신주를 발행할 때 액면가보다 낮은 가액으로 주식을 발행하면 액면가와 발행가의 차액이 발생하는데 그 차액이 주식할인발행차금입니다. 이는 원칙적으로 회사 설립 시에 허용되지 않지만, 설립된 지 2년이 지나고 회사의 재무구조가 취약한 특수한 경우에는 가능합니다. 정상적인 상황에서는 일어나지 않으므로 개념만 이해하시면 되겠습니다.

▶ 감자차익

유상감자의 경우 액면가액 이하로 매입해서 소각했을 때 그 차액이 감자차익입니다.

7. 이익준비금을 보면 배당 이력을 알 수 있다!

이익준비금이란 법정적립금으로 상법에 의해 자본금의 1/2에 달할 때까지 배당액의 1/10 이상의 금액을 적립하는 것을 말합니다. 적립하다가 자본금의 1/2을 초과하게 되면 임의적립금계정에 적립하게 됩니다.

예시

자본금이 2억 원인 기업에 2억 원을 배당하면 배당액의 1/10인 2,000만 원이 적립됩니다. 이렇게 매년 배당해서 총 다섯 번을 배당하면 자본금의 1/2인 1억 원이 됩니다. 이후 배당하게 되면 이익준비금의 누적액이 1억 원을 초과하므로 임의적립금으로 계정처리합니다.

자본금 2억 원 자본금의 1/2 = 1억 원	2억 원 배당	2,000만 원 이익준비금 적립	누적 2,000만 원
	2억 원 배당	2,000만 원 이익준비금 적립	누적 4,000만 원
	2억 원 배당	2,000만 원 이익준비금 적립	누적 6,000만 원
	2억 원 배당	2,000만 원 이익준비금 적립	누적 8,000만 원
	2억 원 배당	2,000만 원 이익준비금 적립	누적 1억 원
	2억 원 배당	1억 원 초과 2,000만 원 임의적립금 계정처리	

법정적립금인 이익준비금은 PART 02의 '감액배당'에서 활용할 전략에 필요한 중요한 계정입니다. 반드시 이해하고 넘어가셔야 합니다.

8. 미처분이익잉여금을 관리하지 못하면
주가가 폭등할 수 있다?

미처분이익잉여금이란 이익잉여금 중 배당이나 다른 적립금으로 적립되지 않고 남아 있는 이익잉여금입니다. 통상의 경우 기업 결산 시 법인세를 내고 남은 당기순이익을 배당하지 않으면 쌓이게 되는데, 이렇게 쌓여 있는 계정을 미처분이익잉여금이라고 합니다.

실전 Tip 📍 미처분이익잉여금의 관리로 기업가치를 낮춘다?

미처분이익잉여금도 매우 중요한 계정으로 이익이 많이 나는 기업들이 여러 이유로 배당하지 못하면 미처분이익잉여금이 쌓여 비상장주식 가치를 올리는 원인이 되기도 합니다. 경영컨설턴트의 중요 책무 중의 하나인 기업가치를 낮추는 작업에 빠질 수 없는 계정입니다. 미처분이익잉여금을 줄이는 방법은 배당이라고 알고 있지만, 기업마다 처한 사정이 달라 그 해결책 또한 단순하지 않습니다.

실전 Tip 📍 배당을 받으면 소득세 과표가 올라간다?

차명주식이 있는 기업이 있으면 배당을 할 수 없는 것입니다. 배당은 금융소득종합과세 처분으로 많은 배당을 받게 되면 종합소득세가 올라가고 그에 따라 4대 보험도 가중되기 때문에 부담이 커질 수밖에 없습니다. 한번 배당을 많이 받아본 주주들은 다음부터는 큰 배당을 쉽게 하지 않습니다. 그래서 미처분이익잉여금이 다시 쌓이는 것입니다.

실전 Tip 📍 의제배당은 세금이 없다?

2장의 자본거래에서 배당에 대해 다시 다루겠습니다. 배당과 닮았다고 해서 의제배당이라고 부르는 이익배당이 있습니다. 형식상 배당은 아니지만, 실질적으로 배당과 비슷한 이익이 주주에게 돌아갑니다. 세금도 배당으로 간주해서 부과됩니다. 의제배당을 잘 활용한다면 세금이 없거나 아주 적은 세금이 발생하면서 미처분이익잉여금을 줄일 수 있습니다.

9. 자산, 재산의 상태를 나타낸다!

재무상태표의 왼쪽에 위치하는 자산은 부채와 자본을 합산한 금액과 같습니다. 자산은 기업이 보유한 재산의 상태를 나타냅니다. 남에게 차입한 부채와 자체 조달한 자본이 구체적으로 어떤 상태로 되어 있는지 나타냅니다. 회사는 이러한 자산을 이용해서 영업활동을 하게 되며, 이를 통해 이익을 창출할 수 있습니다.

자산의 구성요소는 현금, 부동산, 기계장치 등이며, 이 장에서는 실전 컨설팅에서 주요하게 다루는 단기대여금(가지급금)과 무형자산에 대해 설명합니다.

재무상태표 [Balance sheet(B/S)]

자산	부채
	자본

자산의 구성

자산	유동자산	당좌자산	현금 및 현금성 자산 단기매매증권 매출채권 **단기대여금 ≒ 주임종단기대여금 ≒ 가지급금** 미수금 미수수익 선급금 선급비용 기타 당좌자산

자산	유동자산	재고자산	상품 제품 재공품 반제품 저장품
	비유동자산	투자자산	장기금융상품 매도가능증권 장기대여금
		유형자산	토지 건물 구축물 기계장치 차량운반구
		무형자산	영업권 개발비 **산업재산권(특허권, 상표권)**
		기타 비유동자산	임차보증금 장기매출채권 장기미수금

10. 가지급금(≒단기대여금)은 기업의 암이다?

물론 단기대여금이라고 해서 전부 가지급금인 것은 아닙니다. 가지급금의 의미는 실제 현금 등의 지출은 있었지만 거래를 확정하지 못하거나 완전히 종결되지 않아 계정과목이나 금액이 미정이거나, 사용처는 확실히 있지만 세법상 증빙을 못하는 지출액에 대해 임시로 채권을 표시하는 계정과목입니다. 기업의 관리 총책임자인 대표이사의 입장에서는 법인이 여러 사정으로 사용처를 밝히지 못하거나, 누군가에게 대여하더라도 돈을 빌린 사람이 누구인지 확정되지 못하면 대표이사가 가져간 것으로 간주하고 장부상 자산인 단기대여금, 주임종단기대여금, 가지급금으로 잡히게 됩니다.

그래서 가지급금과 대표이사가 빌려간 단기대여금은 발생 원인은 다르지만 결국 대표이사가 책임져야 한다는 점에서 '단기대여금 = 가지급금' 이라는 인식이 생긴 것입니다.

단기대여금 ≒ 주임종단기대여금 ≒ 가지급금

> **실전 Tip** 📍 **가지급금이 생기는 다른 이유는 무엇이 있을까요?**
>
> 가공매출, 매입과소 등으로도 발생합니다. 기업을 방문해보면 실제 대표이사가 사용하지 않고도 대표이사 가지급금으로 잡혀 있는 경우도 허다합니다. 임원이 가져간 경우 말고 가지급금이 발생하는 원인은 영업상 필요한 리베이트와 신용이 나쁜 종업원의 고용으로 생긴 경우가 많습니다. 회사에서도 부작용을 잘 알면서도 가지급금이 생기는 것을 방치할 수밖에 없는 사정이 있습니다.

▶ 가지급금의 인정이자?

가지급금의 인정이자율은 가중평균차입율을 시가로 해서 적용하는 것이 원칙이지만, 당좌대출이자율을 적용할 수도 있습니다(법인세법 시행령 제89조 3항).

▶ 당좌대출이자율 = 4.6%

'기획재정부령으로 정하는 당좌대출이자율'이란 연간 1,000분의 46을 말합니다(법인세법시행규칙 제43조 2항).

즉, 가지급금이 있으면 매년 4.6%씩 복리로 늘어나게 됩니다. 해결하지 않고서는 결코 사라지지 않습니다.

가지급금을 방치했을 때 인정이자 4.6%가 원금에 합산됩니다. 다음 해에는 다시 4.6%가 원금에 합산되는 방식으로 불어나게 됩니다. 인정이자로 인해 불어나는 가지급급이 얼마가 되는지 계산해보면 다음의 표와 같습니다.

가지급금의 인정이자 계산 결과

연수	가지급금(원)	인정이자(4.6%)	가지급금(원)	인정이자(4.6%)
1	500,000,000	23,000,000	1,000,000,000	46,000,000
2	523,000,000	24,058,000	1,046,000,000	48,116,000
3	547,058,000	25,164,668	1,094,116,000	50,329,336
4	572,222,668	26,322,242	1,144,445,336	52,644,485
5	598,544,910	27,533,065	1,197,089,821	55,066,131
6	626,077,975	28,799,586	1,252,155,952	57,599,173
7	654,877,561	30,124,367	1,309,755,125	60,248,735
8	686,001,928	31,556,088	1,370,003,860	63,020,177
9	717,558,016	33,007,668	1,433,024,037	65,919,105
10	750,565,684	34,526,021	1,498,943,142	68,951,384

보다시피 가지급금 원금 5억 원과 가지급금 원금 10억 원이 10년 후 각각 원금의 1.5배인 7.5억 원과 15억 원이 됐습니다. 다른 증가 원인 없이 순전히 인정이자만 증가해서 산정했을 뿐입니다.

실전 Tip 과연 인정이자만 고려하면 될까?

가지급금이 발생하는 원인을 보면 대개 기업마다 회사 경영상 필요한 부득이한 지출이 있는 경우가 많아 시스템적으로 발생합니다. 이런 경우는 인정이자로 인한 증가 속도가 가중되어 더 빠른 속도로 가지급금이 늘어나는 것입니다.

❯ 가지급금으로 발생되는 대표적 불이익 6

구분	가지급금으로 인한 불이익
가지급금 인정이자	• 가지급금 인정이자 익금산입 – 법인세 부담 • 대표이사 상여 처분으로 소득세 증가, 4대 보험 증가
지급이자 손금불산입	• 은행에 차입이 있다면 가지급금 비율만큼 손금불산입 – 비용처리 불가로 법인세 증가
비상장주식 가치 상승	• 가지급금도 자산이므로 비상장주식 가치평가 시 주가 증가 요인 – 주식 이전 시 세금 부담 가중(상속세, 증여세, 양도세)
청산 시 상여처분	• 법인을 청산하는 경우 대표이사의 상여처리
기업신용도 악영향	• 기업신용도 평가 시 악영향 – 대출금리 상승의 이유 중 하나
과세당국의 불신	• 개인의 부당한 사용으로 보아 상여 처분 위험 – 과도한 가지급금은 업무상 배임, 횡령 위험

❯ 경영컨설턴트의 책무

기업에 방치되고 있는 가지급금은 사람 몸의 암처럼 매우 심각한 질병입니다. 의사가 암에 걸린 환자를 방치할 수 없듯이 경영컨설턴트라면 법에서 정하고 허용하고 있는 가지급금 해결을 위한 다양한 전략을 연구해서 기업경영에 도움이 되기를 바랍니다.

11. 무형자산(특허권, 상표권)의 진정한 가치 알기

무형자산이란 기업이 보유한 자산 중에서 유형의 모습으로 존재하지는 않지만 기업의 현재 및 미래에 영향을 미쳐 경제적 효익을 기대할 수 있는 자산을 말합니다. 우리가 알아야 할 무형자산으로는 특허권, 상표권, 영업권이 있습니다.

▶ 특허권

산업재산권의 꽃인 특허권을 가진다는 것만으로도 기술보유 및 산업 발전에 이바지할 수 있는 능력을 보유한 것으로 인정받습니다. 또한 마케팅에 활용되어 기업의 위상 상승에도 큰 도움이 될 수 있습니다. 국가로부터 일정 기간 독점권을 부여받아 법적으로 보호받을 수도 있습니다.

ⓕ PART 02의 '특허자본화'에서 특허권과 상표권의 실전에서의 활용에 대해 다루겠습니다.

실전 Tip 🔎 개인과 중소기업은 특허등록이 어렵다?

그렇습니다. 실제로 개인 및 중소기업의 경우 대기업에 비해 특허권의 등록 비율이 매우 낮습니다. 대기업의 경우에는 막대한 자본과 기술로 연간 수만 건의 특허를 등록 중입니다. 중소기업의 경우 많은 지원책이 있음에도 불구하고 경험 부족과 등록에 들여야 할 비용부담으로 도전하기가 어려운 실정입니다. 제 경험으로 볼 때 한두 번 등록에 실패하면 다시 추진하기가 어렵습니다. 기술 개발 시점부터 전문 자격사의 힘을 빌리는 것이 좋습니다. 특허청에서 심사를 통과해야만 등록이 되는 것입니다. 상표권과 달리 특허는 원리에 관한 기술입니다. 특허청의 심사관이 이해해서 인정해야 등록되는 것이므로 특허 출원 전 전문 자격사인 변리사로부터 검토받은 후 진행하시면 시간과 비용을 아낄 수 있습니다.

▶ 상표권

상표권은 특허권과 달리 이미 고안됐거나 또는 사용되고 있는 기업의 상징 이미지이므로 먼저 변리사로부터 조회를 통해 등록 가능 유무를 확인하시면 됩니다.

실전 Tip ♥ 유사한 상표를 이미 사용하고 있어 등록이 안 된다고 합니다.

상표권은 특허권과 달리 계속 기업 고유의 상징 및 이미지로 사용하다 보니 기업에서의 애착이 큽니다. 사용하는 이미지 그대로 상표권을 등록해보면 이미 다른 등록자가 유사한 상표권을 보유하고 있는 경우가 많습니다. 이런 경우 보통 상표권 등록을 포기하시는데 등록이 될 수 있는 정도로 이미지를 미세 수정하거나 기존상표권자의 상표등록 근거 및 사용의 하자를 찾아서 취소심판 청구를 하는 것도 방법입니다. 둘 중 어느 방법이 좋은지는 역시 전문가와 상담하는 것이 좋겠습니다.

실전 Tip ♥ 지식재산권의 검색

한국특허정보원이 운영하는 '키프리스(Kipris) : 특허정보검색서비스'에서 누구나 특허권, 상표권, 실용신안, 디자인 등 지식재산권 검색이 가능합니다. 많이 활용하시기 바랍니다.

▶ 영업권

영업권은 회사 간의 합병과정에서 발생하는 일종의 권리금 성격의 무형자산으로써 대표적으로 개인사업자의 법인전환에서 발생합니다.

실전 Tip 📍 **영업권의 평가는 누가 하나요?**

영업권의 평가는 감정평가방법과 보충적 평가방법으로 할 수 있는데 감정평가는 감정평가사가 평가 주체이며, 보충적 평가방법의 평가 주체는 세무사와 회계사입니다. 개인사업자의 법인전환 시 조건에 따라 영업권의 비중이 중요해질 수 있는데, 평가방법에 따라 결과가 유의미하게 달라질 수 있으므로 어떤 방법으로 평가를 해야 유리한지 검토 후 결정해야 합니다.

특허권과 상표권의 평가도 감정평가방법과 보충적 평가방법으로 할 수 있는데, 실무상으로 특허권 등의 가치를 판단하기 위한 과세당국의 입장은 감정평가사가 작성한 감정평가서를 요구하고 있습니다.

※ 법인세법 시행령 제89조(시가의 범위) 2항 시가의 범위 규정
'감정평가 및 감정평가사에 관한 법률'에 따른 감정평가법인 등이 감정한 가액이 있는 경우 그 가액(감정한 가액이 2 이상인 경우에는 그 감정한 가액의 평균액). 다만, 주식 등 및 가상자산은 제외한다.

※ 상속세 및 증여세법 시행규칙 제19조(무체재산권등의 평가) 참조

특허권, 상표권의 감정평가에 있어서 감정평가사가 아닌 사람이 작성한 평가서의 경우 과세당국으로부터 부인당하게 됩니다. 이 점 유의하시기 바랍니다.

▶ 무형자산의 감가상각

무형자산도 유형자산과 마찬가지로 감가상각을 할 수 있는데 다만, 유형자산은 취득가격 아래에 감가상각누계액을 기재하고, 그 차액을 장부가액으로 표시하지만 무형자산은 감가상각비를 차감한 나머지 금액만을 표시합니다.

≫ 무형자산의 장부표시 예시

(단위 : 1,000원)

유형자산의 경우			무형자산의 경우	
건물 및 부속설비	3,800,000	2,000,000	특허권	500,000
감가상각누계액	1,800,000			

※ 법인세법 시행규칙 [별표 3]

무형자산의 내용연수표(제15조 제2항 관련) 중 일부

구분	내용연수	무형자산
1	5년	**영업권**, 디자인권, 실용신안권, **상표권**
2	7년	**특허권**
3	10년	어업권, 공업용수도 시설이용권 등
4	20년	광업권 등
5	50년	댐사용권

≫ 무형자산의 감가상각

정액법 vs 정률법?

법인세법 시행령

제26조(상각범위액의 계산)

① 법 제23조 제1항에서 "대통령령으로 정하는 바에 따라 계산한 금액"이란 개별 감가상각자산별로 다음 각 호의 구분에 따른 상각방법 중 법인이 납세지 관할세무서장에게 신고한 방법에 의해 계산한 금액(이하 "상각범위액"이라 한다)을 말한다.

　　1. 건축물과 무형자산 : 정액법

　　2. 건축물 외의 유형자산 : 정률법 또는 정액법

무형자산은 정액법으로 상각하며, 영업권과 상표권은 5년간, 특허권은 7년간 상각처리합니다. 상각 시 비용처리하며 비용처리로 인한 법인세 부담을 줄일 수 있습니다. 다만, 실무상으로 볼 때 기업의 이익이 나지 않으면 상각을 이월해서 적자폭을 줄이는 것도 고려할 수 있습니다.

> **예시** 영업권의 감가처리 - 영업권 가치 10억 원

연수	감가	잔가
1	2억 원	8억 원
2	2억 원	6억 원
3	2억 원	4억 원
4	2억 원	2억 원
5	2억 원	0원

> **예시** 특허권의 감가처리 - 특허권 가치 14억 원

연수	감가	잔가
1	2억 원	12억 원
2	2억 원	10억 원
3	2억 원	8억 원
4	2억 원	6억 원
5	2억 원	4억 원
6	2억 원	2억 원
7	2억 원	0원

12. 연구비와 개발비를 구분하라!

연구비와 개발비는 비슷해 보여 처리도 동일하게 할 것 같지만 엄격하게 구분됩니다. 연구개발에 사용된 금액에 대해 기업 사정에 따라 자산인 개발비로 계상하는 경우가 종종 있습니다. 규정된 조건을 충족한 경우에는 개발비로 계상합니다.

개발비 조건을 충족하지 못한 연구비는 판관비로 처리해서 당기비용으로 인식하게 됩니다.

실전 Tip 📍 **개발비가 자산이나 비용이냐에 따라 기업가치가 변합니다.**

비상장주식 가치평가 시 기업규모에 비해 과도한 개발비가 계상되어 있다면 확인 후 차감해서 평가하는 것도 고려해야 합니다. 개발비, 즉 자산으로 인식을 하게 되면 기업가치가 올라가게 됩니다.

▶ 연구비와 개발비의 처리 조건 구분

연구 활동을 위한 투자 지출	판관비 중 연구비 : 당기비용으로 처리
	VS
개발과정에서의 투자 지출	미래의 경제효익이 확실히 기대되는 경우 : 개발비(무형자산)로 계상
	미래의 경제효익이 기대하기 어려운 경우 : 판관비 중 경상개발비(비용)로 계상

※ 법인세법 시행규칙 [별표 2]

시험연구용자산의 내용연수표(제15조 제1항 및 2항 관련) 중 일부

자산범위	자산명	내용 연수
1. 새로운 지식이나 기술의 발견을 위한 실험 연구 시설 2. 신제품이나 신기술을 개발할 목적으로 관련된 지식과 경험을 응용하는 연구시설	(1) 건물부속설비 (2) 구축물 (3) 기계장치	5년
3. 신제품이나 신기술과 관련된 시제품, 원형, 모형 또는 시험설비 등의 설계, 제작 및 시설을 위한 설비 4. 새로운 기술에 수반되는 공구, 기구, 금형 등의 설계 및 시험적 제작을 위한 시설 5. 직업훈련용 시설	(4) 광학기기 (5) 시험기기 (6) 측정기기 (7) 공구 (8) 기타 시험연구용 설비	3년

개발비와 연구비의 구별을 위한 엄격한 조건이란 위 표의 자산범위 란의 내용을 참조하시면 됩니다.

13. 부채, 부채의 관리가 곧 경영의 성공을 좌우한다!

부채는 총자산 중 기업이 주주가 아닌 타인으로 조달 받았거나(차입금) 아직 지급하지 못한(매입채무, 미지급금) 때에 발생하며, 기업의 건전성에 방해가 됩니다.

재무상태표 [Balance sheet(B/S)]

자산	부채
	자본

➤ 부채가 문제가 되는 이유

기업이 자기자본으로 조달한 자산에는 이자가 발생하지 않지만 부채, 즉 차입금은 이자가 발생합니다. 기업이 벌어들인 이익에서 차입에 대한 이자를 지급해야 하는데 지급이자비용이 과도하면 기업경영에 나쁜 영향을 미쳐 기업을 부실하게 만들 수 있습니다.

부채비율이 높으면 이자의 부담이 커지게 됩니다.

$$부채비율 = \frac{부채}{자본} \times 100$$

예시

B 기업의 부채는 23,900,000,000원이고 자본은 14,100,000,000원입니다. 계산해보면,

$$부채비율 = \frac{23,900,000,000}{14,100,000,000} \times 100 = 169.5\%입니다.$$

➤ 이자보상배수

부채비율도 중요하지만 크레탑을 볼 때 '이자보상배수'를 주의 깊게 봅니다.

이자보상배수는 기업의 채무상환능력을 나타내는 지표로서 영업을 통한 이익이 금융비용(이자비용)을 얼마나 잘 감당하고 있는지를 나타냅니다.

$$이자보상배수 = \frac{영업이익}{금융비용}$$

이자보상배수 계산

부채비율이 169.50%인 B 기업의 영업이익은 590,900,000원이고, 이자비용은 560,500,000원 입니다. 이자보상배수를 계산해보면,

$$이자보상배수 = \frac{590,900,000}{560,000,000} = 1.05입니다.$$

실전 Tip 💡 **이자보상배수가 1.05가 나왔다는 것은 무슨 의미일까?**

이자보상배수가 1.05가 나왔다는 것은 영업창출을 통해 번 돈으로 이자 1을 은행에 지급하고 기업에서 0.05를 남긴다는 의미입니다.

예시

(1) 이자보상배수 1.55

은행에 이자 1을 지급하고 기업에서 0.55를 남긴다는 의미

(2) 이자보상배수 2.45

은행에 이자 1을 지급하고 기업에서 1.45를 남긴다는 의미

(3) 이자보상배수 0.60

은행에 이자 1을 지급하기 위해 0.40만큼을 조달했다는 의미로 금융비용조차 조달할 수 없는 상황입니다. 이런 상태가 지속되면 이자를 내기 위해 자산을 매각하거나 추가 차입을 해야 합니다. 그렇게 되면 기업은 점점 부실화됩니다.

▶ 현금흐름등급

기업부채비율과 이자보상배수와 함께 기업의 재무건전성을 판단하는 지표인 현금흐름등급이 있습니다. 현금흐름등급은 기업의 현금창출능력을 보여주는 등급입니다. 현금흐름등급이 좋지 않으면 장부상으로는 이익이 많이 났지만 매출채권이 회수되지 않았다는 의미입니다.

현금흐름등급의 구분

등급	현금흐름등급의 정의
CR1	현금흐름 창출능력 매우 양호. 그 안정성 역시 우수한 상태
CR2	현금흐름 창출능력 양호. 그 안정성은 상위 등급에 비해 다소 열위한 상태
CR3	현금흐름 창출능력 보통 이상. 그 안정성이 다소 저하될 가능성이 존재함
CR4	현금흐름 창출능력이 보통. 장래 환경 악화 시 현금흐름이 저하될 가능성이 존재
CR5	현금흐름 창출능력이 불량. 총차입금 대비 현금 창출액이 적어 현금지급불능 가능성이 높음
CR6	현금흐름 창출능력이 매우 불량
NF	재무정보가 불충분하거나 재무제표의 신뢰성이 낮아 판정 제외
NR	결산일 기준 현재 2년 미만의 현금흐름 산출로 판정 보류

현금흐름등급이 낮으면 거래처나 은행에서 거래 시 불리한 조건을 제시하거나 거래가 성사되지 않을 수도 있습니다. 최소한 CR4 등급까지 유지할 수 있도록 관리해야 합니다. 그리고 현금흐름등급이 낮은 거래처와는 외상 거래를 주의하시고 대량 거래도 조심하셔야 합니다.

14. 가수금(≒주임종단기차입금)의 출자전환은 법원의 인가가 필요하다?

가수금은 가지급금의 반대 개념으로 회사에 자금이 들어왔는데, 그 출처나 목적이 확실하지 않을 때 임시로 처리하는 계정입니다. 주로 대표이사가 기업의 일시적인 자금 부족으로 입금하는 경우가 많습니다. 주임종단기차입금 역시 기업의 입장에서 볼 때 차입금인데 그 차입금의 출처가 주주, 임원, 종업원으로 실무상 가수금과 거의 동일하게 처리됩니다.

가수금은 가지급금과는 달리 인정이자에 대한 지급 의무가 없습니다. 개인이 법인에 금전을 대여할 경우 부당행위계산부인에 해당되지 않습니다.

≫ 가수금의 처리

가수금은 기업의 자금부족으로 인해 대표이사나 주주가 일시적으로 빌려주는 계정이지만 보통 한번 들어간 자금은 쉽게 회수되지 않는 것이 현실입니다. 기업에 여유자금이 있었다면 처음부터 가수금이 발생되지 않았을 것입니다.

가수금은 부채로 인식됩니다. 회수되지 못하는 가수금을 방치한다면
기업으로서는 괜히 부채비율만 상승해서 기업의 재무만 부실하게 보일
뿐입니다. 기업 입장에서는 가수금도 가지급금 못지않게 심각하게 인
식해야 할 것입니다.

▶ 가수금의 출자전환

지금은 회사로부터 자금을 회수할 권리가 있는 채권자(주로 대표이사)
는 회사의 동의가 있는 경우 증자대금으로 상계할 수 있습니다. 즉, 채
권 금액만큼 자본이 되는 것입니다. 2011년 상법개정 전에는 현물출자
방법으로 출자가 가능했는데 법원의 인가가 필요했습니다.

▶ 가수금 출자전환의 효과

가수금을 출자전환하면 가수금만큼 자본이 늘어납니다. 즉, 부채가
사라지고 자본이 생기기 때문에 부채비율 개선 효과가 2배인 것입니다.

예시 가수금 미처리 시

자산 150	총부채 100
	가수금 30
	총자본 50

$$부채비율 = \frac{총부채(100)}{총자본(50)} \times 100 = 200\%$$

자산 150	총부채 70
	가수금 0
	총자본 80
	출자전환 자본 30

$$부채비율 = \frac{총부채(70)}{총자본(80)} \times 100 = 87.50\%$$

※ 가수금의 출자전환 후 부채비율이 200%에서 87.50%로 개선된 것을 볼 수 있습니다.

※ 가수금의 출자전환을 함에 있어 대개 채권자인 1인만 증자에 참여하는 것이므로 불균등 증자와 같이 주식발행초과금이 발생됩니다.

실전 Tip 🎯 **관계사의 대여금도 출자전환이 가능할까요?**

그렇습니다. 법인과 법인 간에도 출자전환을 할 수 있습니다. 관계사 간 자금 융통이 일어날 수 있는데, 자금을 대여해준 기업이 받을 채권으로 대여받은 기업에 증자를 하는 것입니다. 관계사 대여금의 출자전환에도 가수금처럼 대여한 기업이 주주가 되고, 차입한 회사의 부채비율이 개선됩니다.

📋 PART 02의 '특허자본화'에서 특허권과 상표권의 출자전환에 관한 활용을 다루겠습니다.

자본거래,
출구전략의 핵심 개념 이해하기

1. 자본거래, 가장 생소하지만 가장 중요한 거래

자본거래는 주식과 관련된 거래를 하는 것으로 자본금의 증자 및 감자, 자본잉여금의 증가 및 감소, 이익잉여금의 증감에 영향을 미치는 일 등을 일으키는 모든 거래를 말하며, 자기주식거래 등이 있습니다. 자본거래가 일어나면 자본에만 영향을 미치는 것이 아니라 총자산에서 자본의 비율이 변하면 부채비율도 상대적으로 변동됩니다. 즉, 기업의 현재 상태를 나타내는 지표인 재무상태표가 변하는 것입니다.

재무상태표	
자산 100	부채 50
	자본 50

부채비율 = 100%

재무상태표	
자산 60	부채 50
	자본 10

부채비율 = 500%

부채는 변동이 없었는데도 자본금이 줄어드니 부채비율 100%에서 500%로 증가했습니다. 자기주식거래 등 자본거래를 계획 중이라면 반드시 거래가 끝났을 때의 상태가 고려되어야 할 것입니다.

☑️ **부채가 자본으로 전환되는 출자전환도 자본거래입니다.**

가수금 출자전환 전			가수금 출자전환 후	
자산 150	총부채 100 **가수금 30**		자산 150	총부채 70 **가수금 0**
	총자본 50			총자본 80 **출자전환 자본 30**
부채비율 = 200%			부채비율 = 87.50%	

2. 자본금의 변화가 필요하다면?

자본금은 회사가 발행한 주식발행액면의 총액으로서 주주로부터 출자받은 금액을 말합니다. 필요에 따라 최초 법인 설립 시 설정된 자본금은 얼마든지 증가되고 감소될 수 있습니다. 자본금의 증감은 자본거래를 통해서 발생됩니다. 자본거래가 아닌 손익거래인 급여나 상여 지급을 한다고 해서 자본금은 변하지 않죠.

액면가로 증자하거나 감자한다면 자본금의 증감만 있을 뿐이고 자본잉여금과 이익잉여금의 변동은 없습니다. 반면에 시가가 높을 때 증자

한다면 자본금의 변동은 미미하게 됩니다.

> **예시** 액면가 10,000원/ 시가 1,000,000원/ 증자액 30,000,000원

(1,000,000×30) − (10,000×30) = 29,700,00(주식발행초과금)
30,000,000(증자액) − 29,700,000(주발초) = 300,000(자본금 전입)입니다.
증자되는 주식 수 = 30주

3. 자사주 취득, 자본거래의 기본이며
반드시 논란의 핵심을 파악하라!

자사주 취득이란 회사에서 이미 발행한 주식을 매입하거나 증여를 통해 보유하고 있는 것을 말합니다. 실무상 매도자는 주로 주주이신 대표자이며, 자신이 보유한 주식을 회사에 매각하는 것을 말합니다.

> **실전 Tip** 자사주 취득이 과세 문제로 논쟁이 되는 이유는 무엇입니까?
>
> 2011년 개정된 '상법'에 의하면 자기주식의 취득이 소각 목적이 아닌 보유 목적으로도 가능하게 됐습니다. 다만, 보유한 자사주의 처분에서 목적에 따라 소득세 부과가 달리 적용됩니다. 매매(보유) 목적이면 양도세(20~25%)가 부과되고 소각 목적이면 의제배당으로 과세(6~45%)됩니다. 매도자의 입장에서는 세금 부담이 적은 매매의 목적으로 처분하기를 원하고, 과세당국에서는 허용하되 '상법'상의 절차 준수를 엄격하게 봅니다.

▶ 간주취득세

지분이동 전 반드시 간주취득세를 검토해야 합니다.

※ 대법원 판례에서 자사주로 인한 지분비율 상승은 간주취득세 부과 대상이 아니라고 판시했습니다.

취득세등부과처분취소[대법원 2010. 9. 30. 선고 2010두8669 판결]
'법인의 주식 또는 지분을 취득함으로써 과점주주가 된 때'에만 그 과점주주가 당해 법인의 재산을 취득한 것으로 보아 취득세의 납세의무를 부담하도록 하고 있고, 법인이 자기주식을 취득함으로써 주주가 과점주주가 되는 경우에는 주주가 주식을 취득하는 어떠한 행위가 있었다고 보기 어려운바, 주식회사가 자기주식을 취득함으로써 그 지분비율이 증가해 과점주주가 된 것일 뿐, 원고들이 주식회사의 주식을 취득한 것이라고 볼 수는 없는 것이므로 '법인의 주식을 취득함으로써 과점주주가 된 때'에 해당하지 아니합니다.

실전 Tip ⭐ 자기주식은 의결권과 배당권이 있나요?

회사가 보유한 자기주식에는 의결권과 배당권이 없습니다. 따라서 자기주식은 의결권 산정에 있어서 발행주식 총수에도 산입되지 않습니다. 다만 회사가 보유하고 있는 자기주식을 매각한 경우 새로운 양수인이 취득한 주식은 의결권과 배당권이 회복됩니다.

자사주 취득 절차

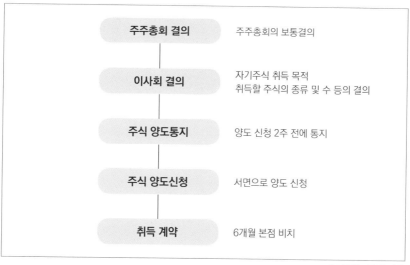

주주총회 결의	주주총회의 보통결의
이사회 결의	자기주식 취득 목적 취득할 주식의 종류 및 수 등의 결의
주식 양도통지	양도 신청 2주 전에 통지
주식 양도신청	서면으로 양도 신청
취득 계약	6개월 본점 비치

※ 출처 : 저자 제공

실전 Tip ⭐ 양도와 소각 중 상황에 따라 유불리 판단

자사주의 처분에서 목적에 따라 소득세 부과가 달리 적용된다면 주주의 입장에서는 양도와 배당 중에 어느 쪽이 더 유리할까요?

양도세(20~25%)　　배당세(6~45%)

?

주주가 본인 보유지분을 자사주로 처리한다면 보통의 경우는 양도가 유리합니다. 그러나 특별한 경우에는 배당이 유리할 수도 있습니다. 여기서 배당이란 의제배당을 말하는데요, 의제배당이란 주식의 소각 시 주주가 해당 주식을 취득할 때 사용한 금액을 초과하는 금액입니다. 즉, 소각 처분을 하더라도 증여나 매입한 금액과 동일하게 자사주 처분을 한다면 초과 금액이 없어 과세되지 않습니다.

4. 의제배당, 자본거래의 핵심 개념으로 응용할 수 있어야 한다!

※ 소득세법 제17조(배당소득)

① 배당소득은 해당 과세기간에 발생한 다음 각 호의 소득으로 한다.
　1. 내국법인으로부터 받는 이익이나 잉여금의 배당 또는 분배금
　3. 의제배당(擬制配當)
② 제1항 제3호에 따른 의제배당이란 다음 각 호의 금액을 말하며, 이를 해당 주주, 사원, 그 밖의 출자자에게 배당한 것으로 본다.
　1. 주식의 소각이나 자본의 감소로 인하여 주주가 취득하는 금전, 그 밖의 재산의 가액(價額) 또는 퇴사·탈퇴나 출자의 감소로 인하여 사원이나 출자자가 취득하는 금전, 그 밖의 재산의 가액이 주주·사원이나 출자자가 그 주식 또는 출자를 취득하기 위하여 사용한 금액을 초과하는 금액

※ 법인의 주식소각 또는 자본감소에 의해 해당 주주가 투자금을 회수하는 경우 당초 투자 지분을 취득한 금액을 초과해서 수령한 재산가액을 배당이라 보아 배당소득세를 과세합니다. 이를 '의제배당'이라 합니다.

※ 의제배당 관련 고등법원 판결

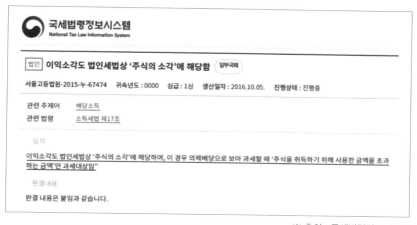

※ 출처 : 국세법령정보시스템

※ 의제배당 관련 대법원 판결

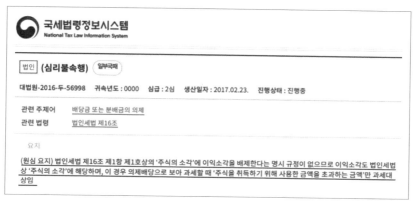

※ 출처 : 국세법령정보시스템

▶ 의제배당금액

의제배당금액 = 감자대가(소각대가) − 주식 등의 취득가액

🖝 '의제배당'은 실전 경영컨설팅에서 가장 중요하고 활용도가 높은 개념입니다. 반드시 이해하고 숙지하셔야 할 개념입니다.

🖝 PART 02의 '자사주 취득'에서 자사주에 관련된 실전 전략에 대해 자세히 다루겠습니다.

손익계산서는
회사의 한 해 성적표

1. 손익계산서, 돈의 흐름대로 계산해보기

A 기업의 손익계산서 [Income statement(I/S)]

계정과목	금액계산(억 원)	참조
매출액	100	제품매출, 상품매출
매출원가	− 90	재료비, 생산 인건비
매출총이익	10	매출액에서 매출원가 차감
판매비와 관리비	− 3	사무직 인건비, 공과금, 접대비 등
영업이익	7	매출총이익에서 판관비 차감
(+)영업외수익	(+) 1	이자수익 등
(−)영업외비용	(−) 2	이자비용 등
법인세차감전순이익 × 세율	6 × 20%	영업이익에서 영업외손익을 가산, 차감해서 세율 적용
법인세	1.2	법인세차감전순이익에서 법인세 차감
당기순이익	4.8	당기순이익이 누적되면 이익잉여금

A 기업은 100억 원의 매출을 올려 세금이 1.2억 원 발생했고, 4.8억 원의 당기순이익을 올렸습니다. 계정 앞에 (-)가 있는 매출원가, 판매비와 관리비, 영업외비용, 법인세를 낮추면 당기순이익이 높아집니다. 즉, 매출을 올리는 것도 중요하지만 매출원가를 낮추는 것 역시 중요합니다.

기업의 설립목적은 이익실현에 있습니다. 손익계산서의 최종단계인 당기순이익의 극대화가 한 해의 목표이며, 당기순이익이 누적된 것이 미처분이익잉여금입니다. 당기순이익은 비상장주식 가치평가의 중요한 변수입니다.

☞ 당기순이익은 비상장주식 가치평가의 중요 변수입니다.

☞ 이 책의 집필 목적은 비상장주식 가치평가의 원리를 이해하며 중요 변수를 조절하고 상속세, 증여세 등 가업승계를 어렵게 만드는 각종 세금의 부담을 덜 수 있도록 하는 것입니다.

2. '매출'과 '매출채권 회수' 중 뭐가 더 중요할까?

기업경영이 어려운 점이 매출만 열심히 올린다고 해서 회사가 잘 운영되는 것은 아니라는 점입니다. 기업 간 거래에서 납품 후 결제되기까지 매출채권으로 남아 있는데, 매출채권을 관리하지 못하면 유동성이 낮아져 어려움에 처하게 됩니다.

※ 매출채권회전율

$$매출채권회전율 = \frac{매출액}{매출채권잔액}$$

매출채권회전율은 매출채권이 얼마나 많이 회수되는가를 나타내는 지표로서 결과가 높으면 관리가 잘되고 있다는 것으로 판단할 수 있습니다. 다른 기업보다 높은 매출채권회전율을 유지하는 것도 중요하지만 보다 중요한 것은 당사의 이전 분기와 비교할 때 그 효용이 높습니다. 기업마다 전략과 영업 성향이 다르기 때문에 타 기업과 비교하는 것은 객관적일 수 없습니다.

> 예시

A 기업의 매출액은 4,225,332,000원이고, 매출채권잔액은 672,000,320원입니다. 계산해보면,

$$매출채권회전율 = \frac{4,225,332,000}{672,000,320} = 6.28입니다.$$

A 기업은 6.28보다 높은 수치를 추구해야 할 것입니다. 절대적 수치보다 개선되는 것이 중요합니다.

실전 Tip 📍 **매출보다 매출채권 회수가 더 중요한 이유**

기업이 이익을 잘 내고 있는데도 연체라면? 결국은 매출보다는 현금흐름!

매출이 늘어나 이익은 많이 발생하고 있지만, 매출채권이 회수되지 않아서 자금흐름이 나빠지면 연체가 오거나 심각해지면 부도가 생깁니다. 우리나라는 기업 간 외상 거래가 많은데요. 대기업과 하청기업 간의 거래에는 외상 거래가 일상입니다. 장부에는 매출과 이익으로 처리되어 있지만, 실제 현금이 부족해 은행에 지급해야 될 원금 및 이자를 기한 내에 지급하지 못하면 부도가 나는 것입니다. 이처럼 이익이 발생하지만 부도가 나는 것을 흑자부도라고 하는데요, 재개발에 관련된 건설업이나 공장 건설 같은 대규모 선투자 프로젝트를 실행할 때 주의해야 합니다.

☑️ 리마인드 : 현금흐름등급의 구분

등급	현금흐름등급의 정의
CR1	현금흐름 창출능력 매우 양호. 그 안정성 역시 우수한 상태
CR2	현금흐름 창출능력 양호. 그 안정성은 상위 등급에 비해 다소 열위한 상태
CR3	현금흐름 창출능력 보통 이상. 그 안정성이 다소 저하될 가능성이 존재함
CR4	현금흐름 창출능력이 보통. 장래 환경 악화 시, 현금흐름이 저하될 가능성이 존재
CR5	현금흐름 창출능력이 불량. 총차입금 대비 현금 창출액이 적어 현금지급불능 가능성이 높음
CR6	현금흐름 창출능력이 매우 불량
NF	재무정보가 불충분하거나 재무제표의 신뢰성이 낮아 판정 제외
NR	결산일 기준 현재 2년 미만의 현금흐름 산출로 판정 보류

3. 매출원가, 같은 매출을 올린다면
매출원가의 절감이 답이다!

매출원가를 산정하는 요소는 제조업의 경우 재료비, 노무비, 제조경비 등인데 단순히 각 계정의 숫자를 보는 것보다 원재료의 공급처 다변화, 현장 인력관리, 생산 제조설비 자동화 및 효율화를 통한 비용 절감 등을 통해 원가절감이 가능해집니다.

오너의 현장 이해도가 높은 기업을 보면 생산품 및 작업인력의 이동 동선이 간결하고 현장에 불필요하거나 무리한 설비가 없어 자잘한 사고조차 일어나지 않습니다.

4. 판매비와 관리비

판매비와 관리비는 기업의 유지 관리와 이에 들어가는 비용으로 매출원가 이외에 회사의 영업을 하는 데 들어가는 모든 비용을 말합니다. 급여, 퇴직급, 복리후생비, 임차료, 감가상각비, 연구비, 경상개발비 등이 있으며 제조 부분에서 일하는 직원들의 급여는 제조원가에 포함되고 임원과 제조부분이 아닌 사원들의 급여는 판매비와 관리비에 포함됩니다.

☑ 리마인드 : 연구비와 개발비의 처리 조건 구분

연구 활동을 위한 투자 지출	판관비 중 연구비 : 당기비용으로 처리
	VS
개발과정에서의 투자 지출	미래의 경제효익이 확실히 기대되는 경우 : 개발비(무형자산)로 계상
	미래의 경제효익을 기대하기 어려운 경우 : 판관비 중 경상개발비(비용)로 계상

5. 영업외손익은 영업활동을 통해 발생한
영업이익을 헤지(hedge)하는 계정이다!

영업이익
(+)영업외수익
(−)영업외비용
─────────────
법인세차감전순이익

≫ 영업외수익

영업외수익은 기업의 주된 영업활동이라고 볼 수 없는 일들과 관련
해 발생하는 수익입니다. 이자수익, 임대료, 단기투자자산처분이익 등
이 있습니다. 특히 가지급금이 있는 경우에 인정이자만큼 법인의 수익
으로 잡혀 금융상품 규모보다 큰 이자수익이 발생합니다. 따라서 가지
급금으로 인한 이자수익의 발생은 실질소득은 없지만 법인세가 증가되
는 원인이 됩니다.

☑ 리마인드 : 가지급금으로 발생되는 대표적 불이익 1/6

구분	가지급금으로 인한 불이익
가지급금 인정이자	• 가지급금 인정이자 익금산입 – 법인세 부담 • 대표이사 상여 처분으로 소득세 증가, 4대 보험 증가

≫ 영업외비용

영업외비용은 기업의 주된 영업활동이라고 볼 수 없는 일들과 관련
해서 발생하는 비용입니다. 이자비용, 임차료, 단기투자자산처분손실

등이 있습니다. 특히 부채가 많은 경우에 금융권 이자는 고정비용에 준하므로 기업의 부실을 가중시키는 원인이 됩니다.

☑️ 리마인드 : 이자보상배수

$$이자보상배수 = \frac{영업이익}{금융비용}$$

예시

(1) 이자보상배수 1.74

은행에 이자 1을 지급하고 기업에서 0.74를 남긴다는 의미

(2) 이자보상배수 6.98

은행에 이자 1을 지급하고 기업에서 5.98을 남긴다는 의미

(3) 이자보상배수 0.30

은행에 이자 1을 지급하기 위해 0.70만큼을 조달했다는 의미로 이자를 내기 위해 자산을 매각하거나 추가 차입을 해야 합니다.

※ 금리인하요구권

실전 Tip 📍 부채가 개선됐다면 '금리인하요구권'의 적극적 요청 고려

부채비율이 낮아지거나 이익이 늘어나는 등 기업의 신용 상태가 현저히 개선되면 이를 근거로 금융권에 금리인하를 요구할 수 있습니다. '금리인하권'은 2019년 법제화되어 실행되고 있는 제도로서 소비자의 권리입니다. 은행마다 평가기준이 다르기 때문에 해당 은행에 사전 문의하시면 되겠습니다.

6. 법인세는 많이 내는 것이 좋다?

※ 2024년 법인세율표

과세표준	세율
2억 원 이하	9%
2억 원 초과 200억 원 이하	19%
200억 원 초과 3,000억 원 이하	21%
3,000억 원 초과	24%

법인세를 절감하기 위해서는 적격증빙 수취 및 관리를 꼼꼼히 해야 합니다. 세금계산서, 계산서, 현금영수증, 신용카드 매출전표가 있습니다. 비용을 늘려야 세금이 절감됩니다. 세금을 더 내는 것을 좋아할 사람은 없겠지요. 그런데 사전에 대비하지 않고 적극적인 절세전략을 세우지 않으면 인식하지 못하고 과다과세가 되는 것입니다. 절세를 위해 적극적으로 취득형 권리를 챙겨야 세금이 새어나가지 않습니다.

※ 취득형 권리

법률 격언에 이런 말이 있습니다.

"권리 위에 잠자는 자는 보호받지 못한다."

권리가 있음에도 불구하고 행사하지 않는다면 더 이상 권리를 주장하지 못하는 것입니다. 자신이 가지고 있는 권리가 무엇인지, 그 권리를 주장할 수 있는 기간은 언제까지인지 항상 예의주시하고 깨어 있으며, 확인하고 챙겨야 한다는 것입니다. 그런 것 중의 하나가 '경정청구 제도'이며, 바로 적극적인 권리행사입니다.

7. 경정청구는 위험하다?

기업에서 경정청구하는 것을 매우 부담스러워하는 경우가 있는데, 이는 국세청의 세금 경감 노력을 이해하지 못해서 오해한 까닭입니다. 국세청의 탈세와 편법을 방지하게 하는 노력은 당연하지만, 세금의 과오납에 대해서는 적극적 행정을 통해 환급하고 있습니다. '경정청구 제도'의 취지를 안다면 정당한 환급을 염려하실 필요가 없습니다. '경정청구 제도'는 국세청에서 권장하는 정당하고 합법적인 제도입니다.

※ 국세기본법 제45조의2(경정청구 등의 청구)

① 과세표준신고서를 법정신고기한까지 제출한 자 및 기한후과세표준신고서를 제출한 자는 다음 각 호의 어느 하나에 해당할 때에는 최초신고 및 수정신고한 국세의 과세표준 및 세액의 결정 또는 경정을 법정신고기한이 지난 후 5년 이내에 관할 세무서장에게 청구할 수 있다. 다만, 결정 또는 경정으로 인하여 증가된 과세표준 및 세액에 대하여는 해당 처분이 있음을 안 날(처분의 통지를 받은 때에는 그 받은 날)부터 90일 이내(법정신고기한이 지난 후 5년 이내로 한정한다)에 경정을 청구할 수 있다.

1. 과세표준신고서 또는 기한후과세표준신고서에 기재된 과세표준 및 세액(각 세법에 따라 결정 또는 경정이 있는 경우에는 해당 결정 또는 경정 후의 과세표준 및 세액을 말한다)이 세법에 따라 신고하여야 할 과세표준 및 세액을 초과할 때

2. 과세표준신고서 또는 기한후과세표준신고서에 기재된 결손금액 또는 환급세액(각 세법에 따라 결정 또는 경정이 있는 경우에는 해당 결정 또는 경정 후의 결손금액 또는 환급세액을 말한다)이 세법에 따라 신고하여야 할 결손금액 또는 는 환급세액에 미치지 못할 때 등

국세청
National Tax Service
보도참고자료
당신 덖한민국!
새로운 국민의 나라

보도 시점 2024. 3. 12.(화) 12:00 배포 2024. 3. 12.(화) 10:00

깜빡 잊고 98%나 세액공제 신청 안해... 국세청이 챙겨준다.
– 캐디 간병인 배달라이더 등 소득자료 제출사업자 1,550명에 2.2억 원 직권 환급 –

□ 국세청(청장 김창기)은 용역제공자에 대한 소득자료를 성실하게 제출한 사업자를 위해 납세협력비용 보전 차원에서 마련한 세액공제를 신청하지 않은 사업자에게 법인세 및 소득세를 환급해 주기로 했습니다.

'21년~'22년 귀속 법인세·소득세는 직권 환급해 줍니다.

□ '21년 11월 용역제공자에 대한 소득자료 제출 주기가 매월로 변경된 이후 「사업장 제공자 등의 과세자료 제출명세서」를 제출한 사업자는 '21년 귀속 809명, '22년 귀속 1,297명입니다.

○ 그러나, 법인세·종합소득세 신고시 「용역제공자에 관한 과세자료의 제출에 대한 세액공제」를 신청한 사업자는 '21년 귀속 20명, '22년 귀속 32명에 불과하였습니다.

'23년 귀속은 법인세·종합소득세 신고시 세액공제 신청하세요

□ '23년에도 「사업장 제공자 등의 과세자료 제출명세서」를 성실하게 작성하여 **매월 기한 내 전자제출한 사업자**는 각각의 과세자료에 기재한 용역제공자의 인원 수를 파악하여 **법인세 및 소득세 신고 시 세액공제 신청**하시기 바랍니다.

○ 만일, 납부할 법인세·소득세가 없는 경우에도 **10년간 이월공제가 가능**하며, 「조세특례제한법 제104조의32」 개정('23. 12. 31.)으로 **세액공제 기간이 3년**(2026년 12월 31일까지*) **연장**되었으므로, 「사업장 제공자 등의 과세자료 제출명세서」를 성실하게 제출하는 사업자는 계속하여 세액공제를 신청하시면 됩니다.

> * 예) '26년 귀속분 소득자료를 기한 내 전자제출 → '26년 귀속분 소득세 또는 법인세에서 세액공제

| 용역제공자에 관한 과세자료의 제출에 대한 세액공제 |

공제대상자 및 요건	용역제공자에 관한 과세자료를 제출하여야 할 자가 과세자료를 성실하게 기재하여 제출기한 내 전자제출(홈택스·손택스)한 자
공제금액(한도)	용역제공자 인원 수×300원(최대 200만 원, 최소 1만 원 공제)
적용기한	'26. 12. 31.까지 발생한 수입금액 또는 소득금액에 해당하는 과세자료 제출분 ('23. 12월 조세특례제한법 개정으로 3년 연장)
법조문	조세특례제한법 제104조의32, 조세특례제한법 시행령 제104조의29

※ 출처 : 국세청 보도자료

국세청 **보도참고자료** 다시 도약하는 대한민국 함께 잘사는 국민의 나라				
보도 일시	2022. 7. 26.(화) 12:00	배포 일시	2022. 7. 26.(화) 10:00	
담당 부서	법인납세국 공익중소법인지원팀	책임자	과 장	박인█ (044-204-████)
		담당자	사무관	이희█ (044-204-████)

어려운 법인세 공제·감면, 국세청에 컨설팅을 신청하세요!
– 중소기업 법인세 공제·감면 컨설팅 제도 8월부터 시행 –

□ 중소기업은 우리경제의 버팀목으로서 경제성장을 견인해 오고 있으나 세무신고 과정에서 세액공제 또는 감면의 적용에 어려움을 겪고 있습니다.

○ 이에 **국세청**(청장 김창기)은 중소기업에게 실질적인 도움을 주기 위해 오는 **8월부터 법인세 공제·감면 컨설팅**을 실시합니다.

납세협력비용 완화를 위한 노력

□ 국세청은 소득자료 제출의무자의 성실한 제출을 유도하기 위해 '23년 12월부터 「미리채움 서비스[1]」, 「전자제출 화면통합[2]」, 「변환파일 제출 검증절차 간소화[3]」 등 **쉽고 편리한 제출환경 조성**으로 **시간적 비용을 경감**하였으며,

1) 전월 제출한 소득자료 내용을 미리 채워(Pre-filled)주고 변경사항만 수정하여 바로 제출
2) 여러 종류의 소득자료를 제출할 경우, 화면이동 없이 하나의 화면에서 제출하도록 통합
3) 기존 2단계 검증절차(형식검증·내용검증)를 원클릭으로 완료

○ **용역제공자 세액공제 직권 환급**과 아울러, **세액공제 금액 확대** 및 **가산세 유예기간 연장 건의** 등 **경제적 비용 경감을 위해서도 노력**하고 있습니다.

○ 앞으로도 소득자료 매월 제출에 대한 부담이 최소화될 수 있도록 「실시간 소득파악 제도」(RTI)를 운영해 나가도록 하겠습니다.

※ 출처 : 국세청 보도자료

8. 당기순이익, 당기순손실은
비상장주식 가치평가의 중요 변수

당기순이익을 만든다는 것은 기업의 설립목적에 맞게 한 해 동안 충실히 경영을 했다는 의미입니다. 법인세차감전순이익에서 법인세비용을 차감한 것이 당기순이익이 되며 차감 후 손실이 난다면 당기순손실입니다. 당기순이익을 배당하지 않고 쌓여 있는 계정을 미처분이익잉여금이라고 합니다.

≫ 결손금이월공제

당기순손실이 난다면 결손금이월공제라고 해서 결손이 난 후의 사업연도부터 15년간 이월공제가 가능합니다.

9. 왜, 매년 비상장주식 가치를 확인해야 하는가?

비상장주식은 평가기준일 현재 1주당 순손익가치와 1주당 순자산가치를 각각 3과 2의 비율로 가중평균한 가액으로 평가합니다. 많은 중소기업의 대표께서는 회사의 주식 가치에 대해 중요성을 간과하고 있습니다. 평소 자녀에게 주식을 분산하는 작업을 소홀히 해서 회사 설립 때와 변동 없이 대표 자신이 최대주주 또는 100% 주주인 기업이 흔합니다. 때를 놓쳐 비상장주식의 가치가 너무 높아지면 주식 이동의 필요성을 느꼈을 때 이미 늦어버린 경우가 있어 안타깝기 그지없습니다.

비상장주식 가치평가 계산식에 나오는 변수들 중에 가장 컨트롤하기 용이한 변수는 미처분이익잉여금입니다. 토지, 건물, 기계장치 등은 감정평가사가 평가해서 나온 결과를 사용하고, 또 다른 변수인 당기순이익은 한 해의 경영성과를 나타내는 지표라서 금융권과 거래가 있는 기업 대표님의 입장에서는 고의로 낮게 만들기가 어려운 것입니다. 반면 미처분이익잉여금은 배당 등의 출금 시 주주가 아닌 사람의 관리를 받을 필요도 없고, 당기순이익과도 관련이 없기 때문에 대표의 경영성과에도 무관한 것입니다.

▶ 비상장주식의 평가(보충적 평가방법)

① 비상장주식은 평가기준일 현재 1주당 순손익가치와 1주당 순자산가치를 각각 3과 2의 비율로 가중평균한 가액으로 평가합니다.

② 부동산 과다법인의 경우는 1주당 순손익가치와 1주당 순자산가치를 각각 2와 3의 비율로 가중평균한 가액으로 평가합니다. 다만, 그 가중평균한 가액이 1주당 순자산가치의 100분의 80을 곱한 금액보다 낮은 경우에는 1주당 순자산가치에 100분의 80을 곱한 금액을 비상장주식 등의 가액으로 합니다. [상속세 및 증여세법 시행령 제54조 1항(비상장주식 등의 평가)]

구분	보충적 평가방법
일반적인 평가방법	1주당 평가액 = $\dfrac{\text{1주당 순자산가치} \times 2 + \text{1주당 순손익가치} \times 3}{5}$
부동산 과다법인의 평가방법 (부동산 등 비율 50% 이상)	1주당 평가액 = $\dfrac{\text{1주당 순자산가치} \times 3 + \text{1주당 순손익가치} \times 2}{5}$

※ 1주당 순손익가치

- 1주당 순손익가치 $= \dfrac{\text{1주당 최근 3년간 순손익액의 가중평균액}}{\text{순손익가치환원율(10\%)}}$

- 1주당 최근 3년간 순손익액의 가중평균액 $=$
$$\dfrac{\begin{array}{l}\text{평가기준일 이전 1년이 되는 사업년도의 1주당 순손익액} \times 3 \\ \text{평가기준일 이전 2년이 되는 사업년도의 1주당 순손익액} \times 2 \\ +\text{평가기준일 이전 3년이 되는 사업년도의 1주당 순손익액} \times 1\end{array}}{6}$$

※ 1주당 순자산가치

1주당 순자산가치 $= \dfrac{\text{평가기준일 현재 당해 법인의 순자산가치}}{\text{평가기준일 현재 발행주식 총수}}$

※ 순손익가치환원율

기획재정부령으로 정하는 이자율로 10%입니다.

실전 Tip ⭐ 비상장주식 가치평가하기

비상장주식 가치평가를 하기 위한 수식을 다 알았으니 함께 계산해보겠습니다. 1주당 가치를 계산하고, 1주당 가치에 주식발행 총수를 곱하면 기업가치가 됩니다 (2024년 기준).

〈조건〉 부동산 과다법인이 아닌 경우
- 주식발행 총수 10,000주
- 최근 3개년도 당기순이익 2023년 3억 원/ 2022년 2억 원/ 2021년 2억 원
- 순자산가액 10억 원

① 1주당 순손익가치 : 당기순이익에서 주식발행 총수로 나눕니다.

    3억 원÷10,000 = 30,000원

    [(30,000원×3+20,000원×2+20,000원×1)÷6]÷10%

    = 250,000원

② 1주당 순자산가치

    10억 원 ÷ 10,000주 = 100,000원

③ 1주당 평가액

    (250,000원×3+100,000원×2)÷5 = 190,000원

④ 기업가치

    190,000원(1주당 가치) × 10,000(주식발행 총수) = 1,900,000,000원

▶ 비상장주식 평가의 '보충적 평가방법'은 일종의 방정식입니다.

변수 x, y, z를 알아야 방정식을 풀 수 있습니다. 그리고 변수의 크기에 따라서 주당 가치가 달라지며, 기업의 가치도 변합니다.

▶ 순자산가치의 감소 없이 기업가치의 하락은 쉽지 않습니다.

순손익가치가 지나치게 낮아 순손익가치와 순자산가치를 가중평균했을 때, 기업가치가 현저히 낮아지더라도 가중평균한 가액이 순자산가치의 80%보다 낮은 경우 순자산가치의 80%를 해당 기업의 비상장

주식 가치로 합니다. 즉, 아무리 큰 결손이 난다고 해도 그 영향은 미미하고, 최소 자산가치의 80%의 기업가치를 갖는 것입니다.

※ 순자산가치로만 평가하는 경우

1. 상속세 및 증여세 과세표준신고기한 이내에 평가대상 법인의 청산절차가 진행 중이거나 사업자의 사망 등으로 인해 사업의 계속이 곤란하다고 인정되는 법인의 주식 등
2. 사업 개시 전의 법인, 사업 개시 후 3년 미만의 법인 또는 휴업·폐업 중인 법인의 주식 등
3. 해당 법인의 자산총액 중 부동산에 관한 권리의 자산가액의 합계액이 차지하는 비율이 80% 이상인 법인의 비상장주식
4. 법인의 자산총액 중 주식 등의 가액의 합계액이 차지하는 비율이 80% 이상인 법인의 주식 등
5. 법인의 설립 시 정관에 존속기한이 확정된 법인으로서 평가기준일 현재 잔여 존속기한이 3년 이내인 법인의 주식 등

▶ 순손익가치로만 평가하는 경우는 없습니다. 왜 그럴까요?

한 해의 순이익이 영향을 미치는 순손익가치와 달리 순자산가치는 계속된 영업의 결과로 이익이 쌓여 있는 상태의 가치이기 때문에 한두 해의 손익활동으로는 가치가 떨어지지 않습니다.

예를 들어 미처분이익잉여금을 처리하기 위해 배당한다면, 배당에 따르는 배당소득세, 종합소득세의 부담을 감수해야 하고 4대 보험 비용도 상승합니다. 그래서 한번 배당을 해보고 후회하는 대표님이 많습니다. 순자산가치를 낮추는 것은 꾸준하고 적극적인 실행으로 가능합니다.

10. 출구전략의 원리를 이해하라!

출구전략(exit strategy)의 본래 뜻은 전쟁에서 임무를 완수한 군대의 퇴각 시나리오를 뜻하는 용어이지만, 경영에서는 투자한 자본을 최대한으로 회수하는 일을 의미합니다. 즉, 기업에 자금이 쌓여 있어 기업의 주가를 상승시키고 증여세, 상속세 등 과세 부담 가중이 예견될 때, 이런 상황을 벗어나기 위해 법에서 정하고 허용한 명목으로 미처분이익잉여금 등을 회사 바깥으로 지급하는 것을 의미합니다.

보통 배당으로 미처분이익잉여금을 줄이지만 2,000만 원을 초과하면 종합소득세와 합산해서 과세하기 때문에 배당을 출구전략으로 활용하는 것은 한계가 있습니다. 세금 없는 배당, 의제배당을 활용한 출구전략에 익숙해지기를 바랍니다.

☑ 리마인드

법인의 주식소각 또는 자본감소에 의해 해당 주주가 투자금을 회수하는 경우 당초 투자 지분을 취득한 금액을 초과해 수령한 재산가액을 배당이라고 보아 배당소득세를 과세하는데 이를 '의제배당'이라고 합니다.

▶ 의제배당금액

의제배당금액 = 감자대가(소각대가) − 주식 등의 취득가액

11. 이익소각과 감자의 차이는?

쌓여 있는 미처분이익잉여금은 기업의 순자산가치 상승, 주가 상승, 기업가치 상승으로 이어져 증여세, 상속세의 세 부담을 가중시킵니다. 또한 제3자에게 지분 양도 시에도 양도소득세가 증가됩니다.

이익소각은 법인이 주주로부터 자기주식을 취득한 후 이를 이익잉여금으로 소각하는 행위를 말합니다. 이익소각이 유상감자와 다른 점은 감자가 아니기 때문에 채권자보호절차가 필요하지 않고, 자본금의 감소가 없어 건설업 등 자본금이 유지되어야 하는 업종의 출구전략으로 활용됩니다.

≫ 이익소각과 감자의 구분

구분	차이
이익소각	채권자 보호절차 불필요
	자본금의 변동 없음
감자	채권자 보호절차 필요
	자본금의 감소 발생

PART 02의 2장 '이익소각'에서 배우자증여를 통한 이익소각 출구전략에 대해 자세히 설명하겠습니다.

법인사업자로 시작하라!

1. 개인기업의 법인전환 방법

법인전환 방법	내용
세감면포괄양수도 방법	• 개인기업의 자산과 부채를 법인기업에 포괄적으로 양도하는 방식 • 부동산이 있고 순자산가액이상의 현금이 있는 경우 유리한 방법
현물출자 방법	• 개인기업의 대표가 현금이 아닌 부동산 등으로 출자하는 방식 • 부동산이 있으나 순자산 이상의 현금이 없는 경우 선택하는 방법
일반사업양수도 방법	• 부동산이 있건, 없건 부동산을 승계하지 않고, 전환한 법인이 개인 임대사업자에게 임차하는 방식

※ 2024년 종합소득세율표

과세표준	세율
1,400만 원 이하	6%
1,400만 원 초과 ~ 5,000만 원 이하	15%
5,000만 원 초과 ~ 8,800만 원 이하	24%
8,800만 원 초과 ~ 1억 5,000만 원 이하	35%

과세표준	세율
1억 5,000만 원 초과 ~ 3억 원 이하	38%
3억 원 초과 ~ 5억 원 이하	40%
5억 원 초과 ~ 10억 원 이하	42%
10억 원 초과	45%

※ 2024년 법인세율표

과세표준	세율
2억 원 이하	9%
2억 원 초과 200억 원 이하	19%
200억 원 초과 3,000억 원 이하	21%
3,000억 원 초과	24%

위 세율표를 보면 당연히 법인사업자가 유리해 개인사업자의 법인사업자로의 전환이 있을 것 같지만, 기업 운영에 있어서 세금만이 전부가 아니므로, 의외로 많은 개인사업자 대표님들이 법인전환에 대해 심사숙고하십니다. 법인전환을 하지 않는 이유는 다음과 같습니다.

① 거래처와의 관계로 법인전환 불가
② 법인전환 과정의 복잡성으로 결과에 확신이 없음
③ 법인은 개인과 달리 기업에서의 인출 등 관리가 엄격함

실전 Tip 법인전환 대신 신설법인 설립

> 기존 개인사업자는 계속 유지하고 자녀명의의 신설법인을 설립해 일감 몰아주기
> 등을 통해 시나브로 가업승계를 준비하는 방법도 있습니다.

PART 01의 6장 '중소기업 일감 몰아주기'에서 설명하겠습니다.

※ 회사의 종류

회사의 종류
주식회사
유한회사
유한책임회사
합명회사
합자회사

※ 조직변경

회사가 인격의 동일성은 유지하면서 법률상의 조직을 변경해 다른 종류의 회사가 되는 것입니다. 회사가 처한 사정에 따라 주로 유한회사에서 주식회사로의 변경, 주식회사에서 유한회사로의 변경이 있습니다.

2. 주식회사 설립 절차 및 주의 사항

주요 요건 결정 사항
① 사업목적 ② 주주와 임원
③ 상호 ④ 소재지 ⑤ 자본금

공과금 납부
① 등록면허세 ② 교육세

설립등기 신청
① 정관 ② 주주명부
③ 법인인감신고 ④ 잔고증명서 등

사업자등록 신청
① 사업자등록신청서 ② 사업자 본인 신분증
③ 임대차계약서 사본

※ 출처 : 저자 제공

    법인 설립단계에서 절세설계가 되지 않으면 '호미로 막을 것을 가래로 막는다!'라는 말과 같이 시간이 지나 기업의 규모가 커진 후에는 바로잡을 수 없는 일들이 있습니다. 이에 대해 알아봅니다.

▶ 법인 설립 시 주의 사항

(1) 회사의 형태를 결정할 때 향후 기업의 규모가 커졌을 때의 상황을 고려해야 합니다. 특히, 유한회사와 주식회사의 차이를 잘 이해해서 결정하셔야 합니다. 유한회사에서 주식회사로의 조직변경은 가능하지만, 조건도 까다롭고 비용도 발생합니다.

(2) 부득이한 경우라도 차명주주는 들이지 않습니다. 설립자본금이 부족해서 차입한다면 투자자가 아닌 차용증을 반드시 작성해서 개인의 부채로 처리합니다. 차입과 투자의 애매한 설정으로 인한 분쟁이 발생할 수도 있습니다.

(3) 처음부터 무리한 자본금을 설정할 필요가 없습니다. 자본금 부족으로 운영자금이 부족하다면 부족 시 가수금으로 법인에 대여해서 운영할 수 있습니다. 한번 설정된 자본금은 출금이 어려우나 가수금은 언제든지 회수 가능합니다.

(4) 정관 작성 시 기업설립의 취지에 맞도록 작성합니다. 정관은 기업의 헌법이며 대부분의 주요 규정이 기재되어 있습니다. 시대에 뒤떨어진 정관 사용은 기업 절세전략 및 출구전략의 족쇄가 됩니다. 법인 설립 시뿐만 아니라 이후라도 최신 규정에 맞도록 정기적으로 검토해서 업데이트합니다.

3. 종류주식을 알면 전략이 보인다!

2011년 상법개정으로 다양한 주식의 발행이 가능해졌습니다. 그럼에도 불구하고 여전히 보통주식 이외의 주식은 생소해서 활용이 어려운 것 같습니다. 우선주라고도 불리는 종류주식은 보통주식과는 달리 기능이 제한되거나 오히려 우선권이 있습니다. 종류주식을 발행하기 위해서는 정관상에 종류주식의 규정이 필요합니다. 종류주식의 종류와 기능에 대해 알아봅니다.

※ 상법 제344조(종류주식)

> ① 회사는 이익의 배당, 잔여재산의 분배, 주주총회에서의 의결권의 행사, 상환 및 전환 등에 관하여 내용이 다른 종류의 주식(이하 "종류주식"이라 한다)을 발행할 수 있다.
> ② 제1항의 경우에는 정관으로 각 종류주식의 내용과 수를 정하여야 한다.
> ③ 회사가 종류주식을 발행하는 때에는 정관에 다른 정함이 없는 경우에도 주식의 종류에 따라 신주의 인수, 주식의 병합·분할·소각 또는 회사의 합병·분할로 인한 주식의 배정에 관하여 특수하게 정할 수 있다.
> ④ 종류주식 주주의 종류주주총회의 결의에 관하여는 제435조 제2항을 준용한다.

※ 종류주식의 종류

(1) 이익배당에 우선권이 있는 종류주식

(2) 잔여재산분배에 우선권이 있는 종류주식

(3) 의결권이 없거나 제한되는 종류주식★

(4) 상환권이 있는 종류주식★

(5) 전환권이 있는 종류주식

※ 종류주식의 기능

(1) 이익배당에 우선권이 있는 종류주식(이익배당우선주)

배당받는 방법에 따라 보통주와 달리 누적적·참가적 우선주식을 말하는데, 누적적 우선주는 배당받지 못한 해가 있다면 배당받지 못한 해의 배당을 배당받는 해에 합산해서 받을 수 있는 우선주이며, 참가적 우선주는 우선 배당을 받고 추가적으로 보통주식을 배당받을 때 다시 배당에 참여하는 것을 말합니다.

(2) 잔여재산분배에 관한 종류주식

법인 청산 시에만 이용되는 종류주식으로 회사가 청산되지 않으면 의미가 없을뿐더러 이용되는 경우가 거의 없습니다.

※ 상법 제344조의2(이익배당, 잔여재산분배에 관한 종류주식)

① 회사가 이익의 배당에 관하여 내용이 다른 종류주식을 발행하는 경우에는 정관에 그 종류주식의 주주에게 교부하는 배당재산의 종류, 배당재산의 가액의 결정방법, 이익을 배당하는 조건 등 이익배당에 관한 내용을 정하여야 한다.
② 회사가 잔여재산의 분배에 관하여 내용이 다른 종류주식을 발행하는 경우에는 정관에 잔여재산의 종류, 잔여재산의 가액의 결정방법, 그 밖에 잔여재산분배에 관한 내용을 정하여야 한다.

(3) 의결권이 없거나 제한되는 종류주식★

의결권 없는 종류주식은 배당권은 있으나 의결권이 없으므로 의사결정에 참여하지 못합니다. 자녀에게 지분분배 시 경영권의 안정을 위해 승계자가 아닌 자녀에게 의결권 없는 지분을 이전하기도 합니다. 스타트업 기업처럼 스톡옵션을 활용하지 못하는 중소기업에서는 유능한 임직원에게 의결권 없는 종류주식을 지급해 사기양양과 로열티를 높이도록 독려합니다.

단, 의결권이 없거나 제한되는 종류주식의 총수는 발행주식 총수의 4분의 1을 초과하지 못합니다. 실무적으로 매우 활용도가 높은 종류주식입니다. 그리고 주주총회 결의에 관해, 의결권이 없는 종류주식의 수는 발행주식총수에 산입하지 않습니다.

※ 주식매수선택권(스톡옵션 : Stock Option)

성장 가능성이 높지만 당장은 자금이 부족한 벤처 기업, 스타트업 기업이 우수인력을 유치하기 위해 나중에 IPO 등이 성공해서 주가가 상승했을 때, 임직원에게 시세보다 훨씬 낮은 가격으로 살 수 있는 권리를 주는 것입니다. 스톡옵션을 부여받은 임직원은 주가 상승으로 인한 수입증대 효과가 있으므로 책임감과 근로의욕이 높아지게 됩니다.

※ 상법 제340조의2(주식매수선택권)

① 회사는 정관으로 정하는 바에 따라 제434조의 주주총회의 결의로 회사의 설립 · 경영 및 기술혁신 등에 기여하거나 기여할 수 있는 회사의 이사, 집행임원, 감사 또는 피용자(被用者)에게 미리 정한 가액(이하 "주식매수선택권의 행사가액"이라 한다)으로 신주를 인수하거나 자기의 주식을 매수할 수 있는 권리(이하 "주식매수선택권"이라 한다)를 부여할 수 있다. 다만, 주식매수선택권의 행사가액이 주식의 실질가액보다 낮은 경우에 회사는 그 차액을 금전으로 지급하거나 그 차액에 상당하는 자기의 주식을 양도할 수 있다. 이 경우 주식의 실질가액은 주식매수선택권의 행사일을 기준으로 평가한다.

법인 등기부등본에 주식매수선택권이 등기되어 있는 경우가 종종 있는데, 이는 해당 법인의 정관에 주식매수선택권 규정이 있기 때문입니다. 정관에 주식매수선택권 규정을 만들고 반드시 등기부등본에 등기(공시)해야만 효력을 가지기 때문입니다. 그런데 보통 중소기업의 경우 주식매수선택권의 활용은 거의 없기 때문에 실제로는 필요가 없는 규정입니다. 실무적으로 볼 때 회사에서 주식매수선택권을 지급하는 것보다 의결권 없는 주식을 지급하는 것이 경영권 입장에서 나을 수 있습니다.

※ 상법 제344조의3(의결권의 배제 · 제한에 관한 종류주식)

① 회사가 의결권이 없는 종류주식이나 의결권이 제한되는 종류주식을 발행하는 경우 정관에 의결권을 행사할 수 없는 사항과 의결권행사 또는 부활의 조건을 정한 경우에는 그 조건 등을 정하여야 한다.
② 제1항에 따른 종류주식의 총수는 발행주식총수의 4분의 1을 초과하지 못한다. 이 경우 의결권이 없거나 제한되는 종류주식이 발행주식총수의 4분의 1을 초과하여 발행된 경우에는 회사는 지체 없이 그 제한을 초과하지 아니하도록 하기 위하여 필요한 조치를 하여야 한다.

(4) 상환권이 있는 종류주식★

PART 02의 자본거래 중 '신자본환원'과 '비과세감액배당'의 실행 시 사용되는 중요한 종류주식입니다.

상환주식의 상환은 자본금 감소 규정에 따라 주식을 소각하는 것이 아니라 배당가능이익에서 매매계약을 통한 상환청구로 지급되는데 주식이 소각된다고 하더라도 미처분이익잉여금에서 감액합니다. 자본금 감소의 효과는 나타나지 않습니다. 오히려 자본금의 감소가 없기 때문에 자본금을 유지해야 되는 건설업 등에서 많이 활용됩니다.

※ **상법 제345조**(주식의 상환에 관한 종류주식)

> ① 회사는 정관으로 정하는 바에 따라 회사의 이익으로써 소각할 수 있는 종류주식
> 을 발행할 수 있다. 이 경우 회사는 정관에 상환가액, 상환기간, 상환의 방법과 상
> 환할 주식의 수를 정하여야 한다.
> ② 제1항의 경우 회사는 상환대상인 주식의 취득일부터 2주 전에 그 사실을 그 주식
> 의 주주 및 주주명부에 적힌 권리자에게 따로 통지하여야 한다. 다만, 통지는 공
> 고로 갈음할 수 있다.
> ③ 회사는 정관으로 정하는 바에 따라 주주가 회사에 대하여 상환을 청구할 수 있는
> 종류주식을 발행할 수 있다. 이 경우 회사는 정관에 주주가 회사에 대하여 상환을
> 청구할 수 있다는 뜻, 상환가액, 상환청구기간, 상환의 방법을 정하여야 한다.
> ④ 제1항 및 제3항의 경우 회사는 주식의 취득의 대가로 현금 외에 유가증권(다른
> 종류주식은 제외한다)이나 그 밖의 자산을 교부할 수 있다. 다만, 이 경우에는 그
> 자산의 장부가액이 제462조에 따른 배당가능이익을 초과하여서는 아니 된다.
> ⑤ 제1항과 제3항에서 규정한 주식은 종류주식(상환과 전환에 관한 것은 제외한다)
> 에 한정하여 발행할 수 있다.

(5) 전환권이 있는 종류주식

회사의 기발행 종류주식을 다른 종류주식으로 전환할 수 있는 주식
입니다.

※ **상법 제346조**(주식의 전환에 관한 종류주식)

> ① 회사가 종류주식을 발행하는 경우에는 정관으로 정하는 바에 따라 주주는 인수한
> 주식을 다른 종류주식으로 전환할 것을 청구할 수 있다. 이 경우 전환의 조건, 전
> 환의 청구기간, 전환으로 인하여 발행할 주식의 수와 내용을 정하여야 한다.
> ② 회사가 종류주식을 발행하는 경우에는 정관에 일정한 사유가 발생할 때 회사가
> 주주의 인수 주식을 다른 종류주식으로 전환할 수 있음을 정할 수 있다. 이 경우
> 회사는 전환의 사유, 전환의 조건, 전환의 기간, 전환으로 인하여 발행할 주식의
> 수와 내용을 정하여야 한다.

③ 제2항의 경우에 이사회는 다음 각 호의 사항을 그 주식의 주주 및 주주명부에 적힌 권리자에게 따로 통지하여야 한다. 다만, 통지는 공고로 갈음할 수 있다.
1. 전환할 주식
2. 2주 이상의 일정한 기간 내에 그 주권을 회사에 제출하여야 한다는 뜻
3. 그 기간 내에 주권을 제출하지 아니할 때에는 그 주권이 무효로 된다는 뜻
④ 제344조 제2항에 따른 종류주식의 수 중 새로 발행할 주식의 수는 전환청구기간 또는 전환의 기간 내에는 그 발행을 유보(留保)하여야 한다.

4. 주권발행을 하지 않으면 세금폭탄?

비상장주식은 일반적으로 주권 미발행 상태의 기업이 많은데 세무상 필요에 따라 실물 주권을 발행하게 됩니다. 주로 양도나 증여의 시기를 확인할 수 없어서 시기의 구분을 위해 발행합니다. 주식의 증여나 매매가 이루어진 후 명의개서를 하게 됩니다. 명의개서 시 주권발행대장과 주권의 뒷면에 취득자와 취득시기 등 해당 주권의 이동을 기록하고 관리합니다. 이렇게 함으로써 향후 주식의 증여 및 양도 시 이전 취득시기와 비교해서 세금이 계산되는 것입니다.

☑ 리마인드

의제배당금액 = 감자대가(소각대가) − 주식 등의 취득가액

- 주주 A
- 주주 B(A의 배우자)
① 주주 A가 주주 B에게 시가로 3억 원 증여
② 배우자 B는 증여받은 해당 지분을 현재 시가 3.1억 원에 법인에 소각
의제배당금액 = 3.1억 원(소각대가) – 3억 원(주식 등의 취득가액) = 1,000만 원
배당세액 = 1,000만 원의 15.4% = 154만 원

※ 소득세법 집행기준 17-27-3

【취득가액이 다른 동일법인 주식 감자 시 취득가액 계산】

거주자가 동일법인의 주식을 서로 다른 취득가액으로 취득·보유하던 중 그 주식의
일부가 소각되어 의제배당이 발생하는 경우 주식을 취득하기 위해 소요된 금액의 산
정방법은 다음과 같다.
1. 매매 또는 단기투자목적으로 주식을 보유하고 있는 사업자는 주식을 총평균법·
   이동평균법에 의한 평가방법 중 해당 납세지 관할세무서장에게 신고한 방법에 의
   해 계산하되, 유가증권의 평가방법을 납세지 관할세무서장에게 신고하지 아니한
   경우에는 총평균법에 따라 계산한다.
2. 매매 또는 단기투자목적으로 주식을 보유하고 있는 사업자가 아닌 자(개인주주를
   포함한다)는 총평균법에 따라 그 주식을 취득하기 위해 소요된 금액을 계산한다.
3. 취득가액이 다른 주식을 보유한 비사업자인 개인주주의 주식을 특정해 유상소각
   하는 경우, 의제배당 소득금액 계산 시 취득가액은 개별주식의 가액을 입증하는
   경우 그 가액을 취득가액으로 한다.

만일 주권이 발행되어 있지 않다면 기존 보유 주식과 취득한 주권을
구분할 수 없어 취득시기 및 취득가액을 특정할 수 없는 것입니다.

※ 주권 견본(앞면)

※ 주권 견본(뒷면)

주주	홍길동		귀하	교부 년월일	서기 2018 년 6 월 11일		
등록년월일	주 주 명	등록증인		등록년월일	주 주 명		등록증인
①		법인 인감		⑤			
②				⑥			
③				⑦			
④				⑧			

※ 이 주권은 주권대장에 등록되어 있습니다. 주권대장에 등록되어 있지 않은 주권은 무효입니다.

5. 개인기업이라면 법인전환과 가족법인 설립을 비교하라!

가족법인은 말 그대로 가족이 주주고, 임원이고, 직원인 법인이며, 자녀를 중심으로 설립합니다. 가족법인은 개인사업자뿐만 아니라 이미 법인을 운영하는 경우에도 추가로 설립해서 자녀에게 사전증여 효과를 통한 재원 마련을 가능하도록 합니다. 피상속인의 재산 상속 시를 대비할 수 있는 전략입니다. 가족법인의 핵심은 법인의 주주구성에 있어 자녀가 최대 지분권자가 되는 것입니다. 자녀만으로 주주구성이 되는 것도 바람직합니다. 이렇게 구성함으로써 여러 가지 장점이 생깁니다.

> ▶ **가족법인의 장점**

① 기업의 성장에 따른 자녀 보유 주식 가치 상승
② 가족법인으로 부동산 등 구입 시 자금출처에 대한 대비가 됨
③ 모(母) 기업과의 연계로 인한 매출 증대 및 일감 몰아주기 활용
④ 법인전환의 어려움으로 인한 모(母) 기업을 대체할 수 있음
⑤ 대표이사 등 개인의 가족법인으로의 대여로 무상 또는 낮은 이자율로 자금 활용이 가능함 등

가족법인의 장점은 위에서 말한 5가지 말고도 얼마든지 활용 가능합니다. 개인사업자의 법인전환과 더불어 합법적이고 법률에서 정하고 허용하는 가족법인을 활용하시기 바랍니다. 더 나아가 가족법인이 (개인사업자가 아닌) 모(母) 법인의 주주가 되는 특정법인의 설립으로 차등배당 등 가족법인 활용을 극대화시킬 수 있습니다.

개인기업이 법인으로 전환되어 법인만 남게 되는 '법인전환'과 개인기업은 그대로 유지하면서 새로운 '가족법인' 설립이 있습니다. 이후 새로운 법인이 주도적인 역할을 하도록 경영합니다.

6. 현재 법인기업이라면 특정법인을 설립하라!

특정법인이란, 지배주주 및 특수관계자가 직간접적으로 보유하는 주식보유비율이 30% 이상인 법인입니다. 이 특정법인을 활용하시면 '차등배당'을 해서 절세하실 수 있습니다.

🅖 특정법인은 가족법인처럼 주주구성을 하는 것이 바람직하지만 가족법인과는 다른 개념의 법인입니다. 즉, 가족법인이 특정법인으로서 모(母) 법인으로부터 차등배당을 받기 위해서는 모(母) 법인의 지분을 보유해야 합니다.

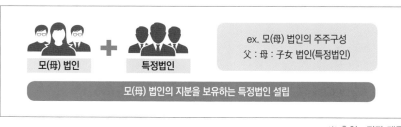

※ 특정법인 설립

▶ 특정법인의 법인세

차등배당을 받기 위해서 보유해야 하는 지분은 1주 이상이면 됩니다. 차등배당을 받은 특정법인은 초과배당분만큼 법인세를 과세하게 되는데요, 그런데 이런 경우 익금불산입 규정이 있습니다. 왜냐하면 법인주주에게로의 배당이란, 모(母) 법인이 이미 법인세를 낸 이익으로 배당을 하는데 다시 법인세가 부과되므로 이중과세의 문제가 생기기 때문입니다. 그래서 특정법인의 모(母) 법인의 지분율을 따져 익금불산입 하는 것입니다.

※ 법인세법 제18조의2(내국법인 수입배당금액의 익금불산입)

① 내국법인(제29조에 따라 고유목적사업준비금을 손금에 산입하는 비영리내국법인은 제외한다. 이하 이 조에서 같다)이 해당 법인이 출자한 다른 내국법인(이하 이 조에서 "피출자법인"이라 한다)으로부터 받은 이익의 배당금 또는 잉여금의 분배금과 제16조에 따라 배당금 또는 분배금으로 보는 금액(이하 이 조 및 제76조의14에서 "수입배당금액"이라 한다) 중 제1호의 금액에서 제2호의 금액을 뺀 금액은 각 사업연도의 소득금액을 계산할 때 익금에 산입하지 아니한다. 이 경우 그 금액이 0보다 작은 경우에는 없는 것으로 본다.

1. 피출자법인별로 수입배당금액에 다음 표의 구분에 따른 익금불산입률을 곱한 금액의 합계액

피출자법인에 대한 출자비율	익금불산입률
50퍼센트 이상	100퍼센트
20퍼센트 이상 50퍼센트 미만	80퍼센트
20퍼센트 미만	30퍼센트

2. 내국법인이 각 사업연도에 지급한 차입금의 이자가 있는 경우에는 차입금의 이자 중 제1호에 따른 익금불산입률 및 피출자법인에 출자한 금액이 내국법인의 자산총액에서 차지하는 비율 등을 고려하여 대통령령으로 정하는 바에 따라 계산한 금액

예시 차등배당에 대한 특정법인의 법인세 계산

특정법인이 보유한 모(母) 법인의 지분비율 10%, 특정법인으로의 차등배당 1억 원

① 특정법인이 차등배당을 받은 1억 원에서 특정법인의 모(母) 법인의 출자비율이 10%이므로 익금불산입은 30%가 되는 것입니다.
② 차등배당 1억 원 − 3,000만 원(익금불산입) = 7,000만 원(법인의 수익)
③ 7,000만 원×9%(법인세율) = 630만 원(법인세)

차등배당은 1억 원이지만 법인세는 630만 원입니다.

만일 특정법인으로서 차등배당을 받은 것이 아니라 법인의 일반 수익이었다면 1억 원이 익금산입되어 900만 원의 법인세가 과세됩니다.

▶ 특정법인의 지배주주의 증여세

※ 상증세 및 증여세법 제45조의5(특정법인과의 거래를 통한 이익의 증여의제)

---

① 지배주주와 그 친족(이하 이 조에서 "지배주주 등"이라 한다)이 직접 또는 간접으로 보유하는 주식보유비율이 100분의 30 이상인 법인이 지배주주의 특수관계인과 다음 각 호에 따른 거래를 하는 경우에는 거래한 날을 증여일로 하여 그 특정법인의 이익에 특정법인의 지배주주 등이 직접 또는 간접으로 보유하는 주식보유비율을 곱하여 계산한 금액을 그 특정법인의 지배주주 등이 증여받은 것으로 본다.
   1. 재산 또는 용역을 무상으로 제공받는 것
   2. 재산 또는 용역을 통상적인 거래 관행에 비추어 볼 때 현저히 낮은 대가로 양도 · 제공받는 것
   3. 재산 또는 용역을 통상적인 거래 관행에 비추어 볼 때 현저히 높은 대가로 양도 · 제공하는 것
   4. 그 밖에 제1호부터 제3호까지의 거래와 유사한 거래로서 대통령령으로 정하는 것
② (중략)
③ (중략)

※ 상증세 및 증여세법 시행령 제34조의5(특정법인과의 거래를 통한 이익의 증여의제)

---

① 삭제 〈2020. 2. 11.〉
② 삭제 〈2020. 2. 11.〉
③ 삭제 〈2020. 2. 11.〉
④ (중략)
⑤ 법 제45조의5 제1항을 적용할 때 특정법인의 주주 등이 증여받은 것으로 보는 경우는 같은 항에 따른 증여의제이익이 "1억 원 이상인 경우로 한정"한다. 〈개정 2020. 2. 11.〉
   1. 삭제 〈2020. 2. 11.〉
   2. 삭제 〈2020. 2. 11.〉

특정법인의 지배주주의 증여세는 '증여의제 이익'이 1억 원 이하이면 과세되지 않습니다. 즉, 초과배당받은 배당금에서 법인세를 차감한 법인의 수익을 주주 지분별로 안분하고, 주주별 수익이 1억 원 이상이면 증여세가 과세됩니다.

예시 초과배당에 대한 특정법인의 법인세 계산 후 증여세 계산

특정법인이 보유한 모(母) 법인의 지분비율 10%, 특정법인으로의 초과배당 1억 원, 특정법인의 주주 2명(각 50% 보유)

---

① 특정법인이 초과배당을 받은 1억 원에서 특정법인이 보유한 모(母) 법인의 출자비율이 10%이므로 익금불산입은 30%가 되는 것입니다.
② 초과배당 1억 원 − 3,000만 원(익금불산입) = 7,000만 원(법인의 수익)
③ 7,000만 원×9%(법인세율) = 630만 원(법인세)

7,000만 원(법인의 수익) − 630만 원(법인세) = 6,370만 원(법인세 차감한 수익)

6,370만 원 ÷ 2명 = 3,185만 원(주주별 수증이익)

→ 주주별 수증이익이 1억 원 미만이라 증여세 없음.

자세한 내용은 PART 02의 '특정법인'에서 설명하겠습니다.

7. 관련 법 개정으로 인한 사내근로복지기금의 절세혜택

사내근로복지기금이란, 기업이익으로 기금을 출연해서 독립된 기금 법인을 설립하고, 그 기금을 근로자의 복지에 사용하는 제도입니다. 근로자의 생활 안정과 복지 증진에 이바지함을 목적으로 하는 선진화된 복지제도입니다. 2021년 3월 8일의 고용노동부 홈페이지 정책 자료에 따르면 '근로조건 개선 및 복지 확충'의 취지로 사내근로복지기금제도를 근로자 복지를 위한 제도로 권장하고 있습니다.

※ 출처 : 고용노동부 홈페이지

▶ 사내근로복지기금제도의 입법 배경 및 세제 혜택이 강력한 이유

정부는 노사협조를 통한 생산성 향상기반을 강화하고, 그동안의 저임금 인상을 보전하기 위해 기업이윤의 일부를 근로자 복지 향상에 사용하게 함으로써 근로의욕과 노사공동체 의식을 재고하려는 취지에서 사내근로복지기금을 도입하게 된 것입니다.

이 기금의 혜택은 기업이윤의 수평적 배분을 도와 임금 격차로 인한 소득분배구조의 악화를 방지하는 데도 기여하며, 기금의 재원이 기업이윤에서 충당된다는 것은 근로자가 임금소득 외에 자본소득의 일부를 얻게 됨을 의미하므로 이윤참가제의 확산이라는 세계적 추세에도 부합하는 것입니다.

※ 기업이 국가를 대신해서 근로자에게 혜택을 주는 제도

즉, 국가가 근로자에게 이익을 분배하는 기업에 감사의 뜻으로 혜택을 준다는 것입니다. 국가가 국민에게 지급하는 것과 같은 효과를 내도록 대신하는 기업에 세제 지원을 확대하는 추세이므로 세금을 물리지 않는 것은 당연한 것입니다. 사내근로복지기금의 세제 혜택이 강력한 이유입니다.

※ 비슷한 사례로는 '착한 임대인 세액공제제도'가 있습니다.

임대인이 임차소상공인에게 인하해준 임대료의 최대 70%를 세금으로 공제해주는 제도입니다. 코로나 때문에 힘들어진 임차소상공인에게 도움을 주기 위해 도입한 제도로, 각각의 임차소상공인에게 직접 지원하지 못하는 정부가 임대인을 통해 소상공인을 돕는 제도입니다.

사내근로복지기금제도는 '착한 기업인제도'입니다.

사내근로복지기금은 근로자복지를 위해 만들어졌지만 제도의 절세 특성으로 가업승계에도 사용되는 콘셉트입니다. PART 02의 '사내근로복지기금의 활용' 편에서 다시 설명하겠습니다.

▶ 사내근로복지기금의 절세혜택

주체	혜택
사업주	기금에 출연하는 출연금 법인세 전액 손비인정
근로자	기금에서 지급한 금품에 대한 증여세 비과세
사내근로복지기금법인	기금 출연금에 대한 증여세 비과세, 고유목적 사업준비금 손금산입

  기존에 회사에서 근로자에게 직접 복리후생비 등을 지급하는 경우 비록 지급되는 금품이 복리후생비라고 할지라도 과세표준에 합산되어 과세처리됐습니다. 근로자의 입장에서는 소득세가 오르는 다소 아쉬운 형태였습니다.

  그러나 사내근로복지기금이 설립되고 기금법인으로부터 받은 일정 금품은 소득세, 증여세가 비과세로 처리됩니다. 근로자 입장에서는 기금법인에서 받은 금품은 비과세처리되어 과세표준에 합산되지 않아 근로소득세와 4대 보험료의 인하 효과가 있습니다. 즉, 기금에서 지급하는 금품은 임금이 아니므로, 실질적 임금 인상 없이 복지혜택을 누릴 수 있는 것입니다.

그리고 기업 입장에서는 출연된 출연기금은 당연히 법인세 손비인정이 됩니다. 또한 사내근로복지기금법인이 출연받은 재산은 증여세 비과세처리됩니다.

※ 기존의 복지혜택 : 근로자의 지급받은 금품에 과세

※ 출처 : 저자 제공

※ 기금법인 설립 후 복지혜택 : 근로자의 지급받은 금품에 비과세

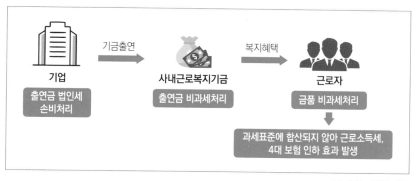

※ 출처 : 저자 제공

근로자는 사내근로복지기금의 비과세 혜택으로 근로자의 실질소득 향상 효과가 있습니다. 소득세뿐만 아니라 비과세 혜택으로 인한 4대 보험료도 절감할 수 있습니다.

※ 기업과 기금법인의 입장에서의 혜택 : 출연금 법인세 손비처리, 출연금 비과세처리

　기업의 출연금은 기부금으로 인정되어 법인세 손비처리가 됩니다. 경영 여건에 따라서 직전 연도 수익금의 변동에 따라 출연금의 조정이 가능하며, 근로자 복지 수요에 능동적인 대처가 가능하고, 기금에서 지급하는 금품은 임금이 아니기 때문에 임금 인상 없이 복지혜택을 제공할 수 있습니다.

　사내근로복지기금제도는 30여 년 전부터 있었고, 대기업은 이미 사내근로복지기금제도를 시행하고 있습니다. 이제 중소기업 및 개인기업도 혜택을 누릴 수 있게 됐습니다. 사내근로복지기금의 이런 복지가 가능해진 이유는 바로 2021년 법인세법 시행령과 소득세법 시행령의 개정으로 인한 혜택입니다.

※ 법인세법 시행령 제19조(손비의 범위)

[시행 2022.1.1] [대통령령 제31443호, 2021. 2. 17, 일부개정]

법 제19조제1항에 따른 손실 또는 비용[이하 "손비"(損費)라 한다]은 법 및 이 영에서 달리 정하는 것을 제외하고는 다음 각 호의 것을 포함한다.

22. 다음 각 목의 기금에 출연하는 금품

가. 해당 내국법인이 설립한 '근로복지기본법' 제50조에 따른 사내근로복지기금

나. 해당 내국법인과 다른 내국법인 간에 공동으로 설립한 '근로복지기본법' 제86조의2에 따른 공동근로복지기금

다. 해당 내국법인의 '조세특례제한법' 제8조의3 제1항 제1호에 따른 협력중소기업이 설립한 '근로복지기본법' 제50조에 따른 사내근로복지기금

라. 해당 내국법인의 '조세특례제한법' 제8조의3 제1항 제1호에 따른 협력중소기업 간에 공동으로 설립한 '근로복지기본법' 제86조의2에 따른 공동근로복지기금

※ 소득세법 시행령 제55조(사업소득의 필요경비의 계산)

[시행 2022.1. 21] [대통령령 제32352호, 2022. 1. 21, 타법개정]

① 사업소득의 각 과세기간의 총수입금액에 대응하는 필요경비는 법 및 이 영에서 달리 정하는 것 외에는 다음 각 호에 규정한 것으로 한다.

9. 다음 각 목의 어느 하나에 해당하는 기금에 출연하는 금품

가. 해당 사업자가 설립한 '근로복지기본법' 제50조에 따른 사내근로복지기금

나. 해당 사업자와 다른 사업자 간에 공동으로 설립한 '근로복지기본법' 제86조의2에 따른 공동근로복지기금

다. 해당 사업자의 '조세특례제한법' 제8조의3 제1항 제1호에 따른 협력중소기업이 설립한 '근로복지기본법' 제50조에 따른 사내근로복지기금

라. 해당 사업자의 '조세특례제한법' 제8조의3 제1항 제1호에 따른 협력중소기업 간에 공동으로 설립한 '근로복지기본법' 제86조의2에 따른 공동근로복지기금

소득세법 시행령의 개정으로 개인기업 및 개인병의원도 필요경비로 인정받게 됐습니다.

🛈 상속세 및 증여세법에 사내근로복지기금으로의 상속 및 증여는 과세되지 않는다고 규정하고 있습니다. 이런 특성으로 가업승계에서도 활용됩니다.

※ 상속세 및 증여세법 제12조(비과세되는 상속재산)

> 다음 각 호에 규정된 재산에 대해서는 상속세를 부과하지 아니한다.
> 1. (중략)
> 2. 삭제
> 3. (중략)
> 4. (중략)
> 5. '근로복지기본법'에 따른 사내근로복지기금이나 그 밖에 이와 유사한 것으로서 대통령령으로 정하는 단체에 유증 등을 한 재산
> 6. (중략)
> 7. (중략)

※ 상속세 및 증여세법 제46조(비과세되는 증여재산)

> 다음 각 호의 어느 하나에 해당하는 금액에 대해서는 증여세를 부과하지 아니한다.
> 1. (중략)
> 2. (중략)
> 3. (중략)
> 4. '근로복지기본법'에 따른 사내근로복지기금이나 그 밖에 이와 유사한 것으로서 대통령령으로 정하는 단체가 증여받은 재산의 가액
> 5. (중략)
> 6. (중략)
> 7. (중략)
> 8. (중략)
> 9. (중략)
> 10. 비영리법인의 설립근거가 되는 법령의 변경으로 비영리법인이 해산되거나 업무가 변경됨에 따라 해당 비영리법인의 재산과 권리·의무를 다른 비영리법인이 승계받은 경우 승계받은 해당 재산의 가액

▶️ 시행령 개정 후 사내근로복지기금 출연 시 처리 변경

사업자 구분	개정 전(2022. 1. 1 이전)	개정 후(2022. 1. 1부터)
법인	소득금액의 10% 한도 내에서만 전액 경비처리	★ 출연금 전액 비용처리
개인기업 (개인병의원)	소득금액의 30%를 한도로 기부금의 15% 세액공제	★ 출연금 전액 손비처리

※ 사내근로복지기금의 설립 취지

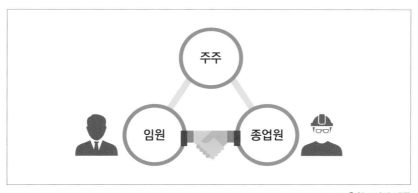

※ 출처 : 저자 제공

사내근로복지기금의 설립 취지는 기업성장의 혜택이 기업의 주주 혹은 특정 소수의 임원들에게만 돌아가는 것을 벗어나 지분이 없는 종업원들에게도 이윤의 수평적 배분이 되도록 하는 것입니다.

※ 사내근로복지기금의 설립 절차

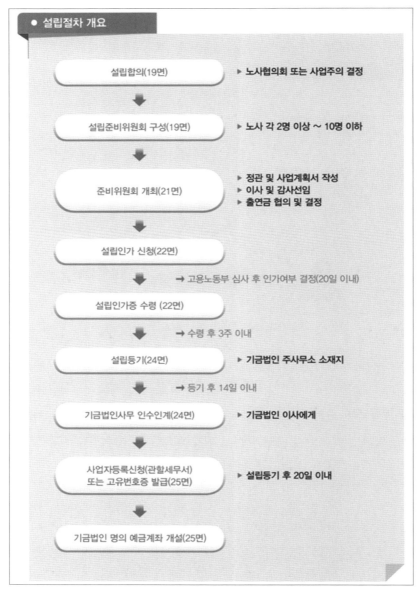

● 설립절차 개요

설립합의(19면)	▶ 노사협의회 또는 사업주의 결정
설립준비위원회 구성(19면)	▶ 노사 각 2명 이상 ~ 10명 이하
준비위원회 개최(21면)	▶ 정관 및 사업계획서 작성 ▶ 이사 및 감사선임 ▶ 출연금 협의 및 결정
설립인가 신청(22면)	
	→ 고용노동부 심사 후 인가여부 결정(20일 이내)
설립인가증 수령 (22면)	
	→ 수령 후 3주 이내
설립등기(24면)	▶ 기금법인 주사무소 소재지
	→ 등기 후 14일 이내
기금법인사무 인수인계(24면)	▶ 기금법인 이사에게
사업자등록신청(관할세무서) 또는 고유번호증 발급(25면)	▶ 설립등기 후 20일 이내
기금법인 명의 예금계좌 개설(25면)	

※ 출처 : 고용노동부 발행 사내근로복지기금 실무 매뉴얼

➤ 사내근로복지기금의 조성

※ 출연 가능한 재산(주식, 부동산 출연 가능)

1. 원칙적으로 당해 사업장의 직전 사업연도 세전 순이익의 5/100를 기준으로 협의회가 협의, 결정한 금액을 사업주가 출연하되,
2. 협의회의 협의, 결정이 아닌 방법으로 사업주 및 제3자가 임의로 재산을 출연해 조성하는 것도 가능합니다.
3. 출연금 출연 시기는 특별한 제한 규정이 없으므로 일시에 출연하거나 나누어 출연하는 것도 가능합니다.
4. 그리고 사업주가 임의로 출연할 수 있는 "기타 재산"은 주식, 부동산과 정관이 정하는 재산으로 사실상 어떠한 재산이라도 출연 가능합니다.

※ 사내근로복지기금이 설립 가능한 사업장(사실상 모든 사업장)

- 모든 사업 또는 사업장에서 설립 가능
- 일반 중소기업은 물론,
- 비영리법인인 대학교, 의료법인, 개인사업자, 외국계 회사
- 정부산하기관, 정부투자출연기관 등

※ 기금법인의 해산 시 잔여재산처리

1. 근로자에게 미지급한 임금, 퇴직금, 그 밖에 근로자에게 지급할 의무가 있는 금품을 지급하는 데 우선 사용
2. 잔여재산이 있는 경우에는 그 100분의 50을 초과하지 아니하는 범위에서 정관에서 정하는 바에 따라 소속 근로자의 생활안정자금으로 지원
3. 그럼에도 잔여재산이 있는 경우에는 정관에서 지정한 자에게 귀속
4. 정관에서 지정한 자가 없는 경우에는 근로복지진흥기금에 귀속

※ 기금사업의 사업 및 재원

사업		재원		사용요건	비 고
구 분	내 용	수익금		기금 운용을 통한 수익금 발생 시	원칙
목적 사업	· 주택구입자금 보조 등 근로자 재산형성을 위한 지원 · 장학금 · 재난구호금의 지급 등 근로자의 생활원조 · 근로복지시설의 구입 · 설치 및 운영 · 그 밖의 근로자의 재산형성 및 생활원조를 위한 사업으로서 정관에서 정하는 사업	기 본 재 산	출 연 금 50%	해당 회계연도에 출연금이 있는 경우	예외적 사용
			출 연 금 80%	해당 회계연도에 출연금이 있고, ❶ 선택적 복지제도로 운영하거나 ❷ 협력업체 근로자까지 수혜를 확대하거나 * 출연금액의 10%를 초과하는 금액을 협력업체 근로자에게 사용 ❸ 중소기업인 경우	
			자본금 초과액	기본재산 총액이 해당 사업(회사)의 자본금의 50%를 초과하는 경우	
			5년간 기본재산 총액의 20%	근로자 1인당 기본재산이 300만원 이상인 경우로서 협력업체 근로자까지 수혜 확대할 경우 * 협력업체 근로자 1인당 수혜금액은 원청 근로자 1인당 수혜금액의 25% 이상	
대부 사업	· 주택을 신축 · 구입 · 임차하는 경우 등 근로자의 생활안정 및 재산형성 지원을 위하여 정관에서 정하는 경우	기본재산		제한없음 * 다만, 기금 재원의 규모 등을 고려하여 적정한 규모에서 시행	

| 사내근로복지기금법인의 사업과 재원 |

※ 출처 : 고용노동부 발행 사내근로복지기금 실무 매뉴얼

※ 기금의 복지사업

| 목적사업의 허용여부 |

구분	허용되는 경우	허용되지 않는 경우
근로자 주택구입· 임차자금 보조	· 무주택근로자를 대상으로 국민주택규모 이하 주택 우선, 가급적 직장주택조합과 연계하여 주택구입·임차자금 지원 또는 대부 · 유주택자의 경우, 수혜자격, 지원한도 등에 대한 기준을 정관에 엄격하게 정하여야 함	· 전직원에게 일률적으로 '주택구입·임대자금'의 명목으로 금품 지급
저소득근로자의 생활안정자금 대부	· 소정 자격요건(부양가족, 세대주 여부 등 정관에서 자율적으로 결정)을 갖춘 저소득 근로자의 신청을 받아 심사 후 생활안정자금을 대부	· 자격요건과 관계없이 전직원을 대상으로 생활안정자금명목으로 자금 대부 ※ 근로복지기금 지원사업의 지원금으로 복지사업하는 경우 대부사업은 허용되지 않음
장학금 지급, 대부	· 근로자와 그 자녀의 초·중·고·대학교 등의 장학금, 입학금 지급, 대부	· 직원이 아닌 불우이웃 등에게 장학금 지급
재난구호금 지급	· 천재지변이나 돌발사고(교통사고 등)을 당한 근로자에게 재난구호금을 지급 · 전 직원을 대상으로 코로나19 등 재난극복 지원금 지급	· 회사에서 지급할 의무가 있는 재난구호금
모성보호 및 일과 가정 양립을 위한 비용지원	· 근로자지원프로그램(EAP)의 비용 지원 · 직원의 보육료 지원	
근로자의 날 행사지원	· 근로자의날 행사운영비, 기념품지원	
체육·문화활동의 지원	· 연극, 영화, 공연, 스포츠게임 관람료 지원 · 문화상품권, 스포츠/레저장비 구입비 지원 · 헬스클럽, 수영장, 테니스장 등 체육시설 이용료지원 · 사내동호회 운영비 지원 등 실제 체육·문화활동에 소요된 경비 지원	· 전직원에게 일률적으로 '체력단련비' 또는 '복리후생비' 등의 명목으로 소정의 금품을 지급
근로자복지시설에 대한 출자·출연 또는 구입·설치 및 운영	· 기숙사, 사내구판장, 보육시설, 휴양콘도미니엄, 체육시설 등의 취득 및 운영지원 · 사내휴게실, 자판기, 구내식당 운영지원 · 소득세법 시행규칙 제15조의2 제1항에 따른 사택의 운영	· 일반인을 대상으로 하는 사내구판장, 자판기, 구내식당의 운영지원 · 사원주택[1] · 일반 아파트를 구입하여 기숙사로 활용하는 경우[2]

※ 출처 : 고용노동부 발행 사내근로복지기금 실무 매뉴얼

구분	허용되는 경우	허용되지 않는 경우
기타 근로자의 재산형성 및 생활원조를 위한 사업으로 정관이 정하는 사업	· 근로자의 직장 새마을금고 출자금 지원. 직장인 단체보험(보장성, 저축성 모두 가능)의 가입지원 · 경조비(축의금, 조의금, 재해위로금 등)의 지원 · 자녀학원비 지원 · 근로자 자신의 학원 수강료 지원 · 근로자의 사기진작을 위한 국 · 내외 시찰비 지원 · 근로자 및 가족의 의료비, 건강진단비 지원 · 휴양콘도미니엄 사용료 지원 · 회사 창립기념일 기념품 지급, 명절 선물, 상품권 지급 · 전 사원이 가입하고 있는 근로자 개인연금 지원 · 직원의 생일, 결혼기념일 기념품, 상품권 또는 축하금 지급 · 노조창립기념일 기념품 지원	· 산재보험료, 의료보험료, 국민연금 부담금 등 관례법령에 따른 사용자의 부담비용 지원 · 업무수행과 관련된 학원 등의 수강료 지원 · 업무수행을 위한 출장비, 연수비 지원 · 통근버스 운영비 지원 · 사업운영을 위한 사용자의 필요경비 지원 · 자가 운전자만을 위한 차량정비금 지원 등 수혜자가 특정 근로자 계층에만 한정된 지원 · 전직원에게 일률적으로 '차량유류비' 명목으로 소정의 금품을 지급 · 사용자가 지급하여야 하는 퇴직금 지원 · 명예퇴직, 희망퇴직자들에 대한 퇴직위로금의 지급 · 퇴직자에 대한 전별금 지급, 생활안정자금 지급 · 결손가정, 장애인, 불우이웃돕기 성금 지급 · 전직원에게 일률적으로 '하계휴가비', '월동비' 명목으로 소정의 금품을 지급 · 우수부서, 우수사원 선발로 인한 포상금 지급 · 전직원에게 일률적으로 상조 예 · 적금 가입 및 적립 지원 · '근로자내일채움공제지원', '근로자 청년내일채움공제지원', '근로자 청년재직자내일채움공제지원' 사업의 근로자 적립금 지원 · 근로조건 또는 근로자의 업무수행과 관련하여 지급되는 직원 격려금, 포상금 · 직원이 직무수행 중 발생시킨 사고에 대한 민형사피의보상금, 과태료
우리사주 구입비 지원	· 우리사주조합을 통한 근로자의 우리사주구입비 지원 또는 대부 ※ 사내근로복지기금을 통한 우리사주구입지원지침 참조	· 우리사주조합과 관계없이 근로자로 하여금 자사 주식을 매입하도록 지원 · 우리사주조합이 없는 사업장에서의 자사 주식 매입 지원금 · 우리사주 조합운영비 지원

1) 주택구입의 경우 수혜자가 소수에 제한된 반면 소요비용이 크며, 기금재원의 유동성이 매우 제한된다는 점에서 근로복지기본법 시행령 제51조에 따른 복지시설로 보기 어려우므로, 기금으로 사용할 수 없음
2) 기숙사는 건축법상 공동주택으로 공장 등의 종업원 등을 위하여 사용되는 것으로서 공동취사 등을 할 수 있는 구조이되, 독립된 주거의 형태를 갖추지 아니한 것으로 규정되어 있는 바, 건축물대장상 공동주택(기숙사)로 등기가 되어 있어야 하므로 일반 아파트의 경우는 기숙사에 해당되지 않음

※ 출처 : 고용노동부 발행 사내근로복지기금 실무 매뉴얼

8. 미래로 나아가기 위해 ESG 경영을 준비하라!
(※ 이 책에서 다루는 유일한 비재무적 이슈입니다)

ESG 경영이란, 환경(Environmental), 사회(Social), 지배구조(Governance)의 영문 첫 글자를 조합한 단어로, 기업이 지속 가능한 비즈니스를 달성하기 위한 3가지 핵심 요소이며, 중장기 기업가치에 직간접적으로 큰 영향을 미치는 환경, 사회적 기여, 지배구조 개선 측면에서의 비재무적 지표입니다.

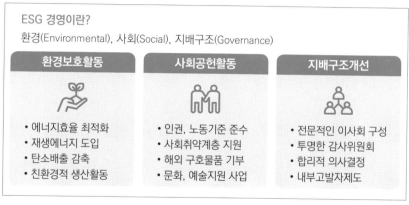

ESG 경영이란?
환경(Environmental), 사회(Social), 지배구조(Governance)

환경보호활동	사회공헌활동	지배구조개선
• 에너지효율 최적화 • 재생에너지 도입 • 탄소배출 감축 • 친환경적 생산활동	• 인권, 노동기준 준수 • 사회취약계층 지원 • 해외 구호물품 기부 • 문화, 예술지원 사업	• 전문적인 이사회 구성 • 투명한 감사위원회 • 합리적 의사결정 • 내부고발자제도

※ 출처 : 저자 제공

그동안 기업은 돈을 '얼마나' 벌었는지에 대해 평가를 받았습니다. 이제는 돈을 '어떻게' 벌었는지 보는 것으로 해당 기업의 평가가 이루어지게 되는 것이 ESG 평가인 것입니다. 즉, 기업의 재무제표에 직접적으로 보이지는 않지만, 기업의 지속 가능성, 기업가치와 연관된 비재무적 성과지표라고 말할 수 있습니다.

특히, ESG가 가장 피부에 와닿는 기업은 수출기업일 것입니다. 이미

글로벌기업들은 납품기업을 선정 및 관리할 때 공급망상의 ESG 요인들을 감시하고 실사하는 '공급망 실사'를 하는 상황입니다.

그렇다면 ESG 경영을 실천한다고 했을 때 가장 쉽게 떠오르는 것은 바로 환경(Environmental) 분야일 것입니다. 탄소의 순 배출량을 줄이기 위해 탄소 절감 설비를 하거나 재생에너지를 사용하는 등입니다. 그러나 대기업만큼의 자본이 없고 친환경 스타트업-기업도 아닌 전통적인 제조업인 중소기업은 어떻게 ESG 경영을 할 수 있을까요? 저는 탄소배출 절감 같은 계획은 중장기적으로 세우시면서 당장 실천 가능한 ESG의 Social, 사회적 분야에 먼저 ESG 경영을 실천하는 것을 제안합니다.

※ 기업의 사회적 기여(Social)

예를 들면, 아동 노동력 착취를 통해 만들어지는 제품들의 생산을 반대하고 그렇게 생산된 기업들의 원부자재를 취급하지 않는 운동들입니다. 아동 노동력 착취로 만들어진 물건들은 아무래도 단가가 저렴해서 취급한다면 수익이 많이 생기겠지요. 그러나 앞서 말한 것처럼 ESG 경영은 얼마나 버느냐가 아닌, 어떻게 버느냐에 가치를 두는 것입니다.

우리나라의 중소기업의 현실에 비추어볼 때 가장 확실한 Social은 바로 사내근로복지기금법인의 설립을 통해 ESG 경영을 실천하는 것입니다. 사내근로복지금의 본래 설립 취지는 기업성장의 혜택이 해당 기업의 주주 혹은 특정 소수의 임원에게만 돌아가는 것을 벗어나 지분이 없는 종업원들에게도 이윤의 수평적 배분이 하게 하는 것입니다. 그렇게 함으로써 주주와 임원과 종업원의 상생이 이루어지게 되는 것입니다.

막상 기업 대표들이 설립 취지가 좋아 사내근로복지기금을 설립하려고 할 때 고민하는 이유는 사내근로복지기금이 설립되면 불경기라 회사도 어려운데 기금법인에 출연하는 것이 회사에 도움은커녕 어려움만 가중시킬 것이라는 염려 때문입니다.

※ 사내근로복지기금의 설립 정신은 상생입니다.

기업이 어려워지면서까지 근로자의 복지를 위해 출연하지는 않습니다. 사내근로복지기금의 재원은 출연으로 만들어집니다. 기금법인으로의 출연은 누구도 강요하지 아니하며, 2021년 법인세법 시행령과 소득세법 시행령의 개정으로 인해 정부에서도 기금법인으로의 출연 당사자인 법인, 대표, 주주 등에게 출연금 전액을 비용처리하도록 변경됐습니다. 법인기업과 개인사업자인 대표님들도 ESG 경영을 실천하면서도 법인 절세와 개인소득세도 절세할 수 있습니다.

9. 기업부설연구소는 계륵인가?

기업 안에 설치된 기업부설연구소 또는 연구전담부서는 연구개발을 전담으로 진행하는 연구조직입니다. 연구소를 보유하고 있는 기업이 신고를 통해 인정받게 되면 다양한 지원과 혜택을 받아 볼 수 있는 제도입니다.

※ 설립 요건

인적 요건	• 연구전담요원의 학력, 경력, 기술자격증 보유
물적 요건	• 연구개발 관련 활동을 수행할 때 필요한 공간으로서 사방이 타 부서와 구분되어 고정된 벽채, 별도 출입문이 설치된 독립된 연구 공간 등 존재

※ 혜택

일반 중소기업	정부 지원사업 시 가점
법인세 세액공제 (연구 및 인력 개발비 25%)	자금 융통, 공개입찰 등

▶ 사후관리

연구개발비나 인건비 등에 대한 세액공제 효과 기대로 설립에 대한 부담은 없으나 유지 조건을 맞추지 못하면 인증이 취소될 수 있습니다. 또한 유지를 위해 연구노트를 작성하고 보관·관리를 해야 하는데 이를 지키지 못한 것이 실사를 통해 확인되면 과소 납부한 세금 전액과 40%의 부당과소신고 가산세를 추징당합니다. 특히 소속연구원의 연구개발활동 외의 생산, 영업, 마케팅 등의 활동을 수행해서는 안 됩니다.

상법 절차와
임원 보수 설계의 법적 근거

1. 주주총회의 절차를 준수하라!

PART 02에서는 경영 실전 전략의 실행을 위한 주주총회 등의 상법 절차들을 많이 다루게 될 것입니다. 실무적으로 볼 때 생소하고 통념과 달라 어색해 보일 수도 있을 것입니다. 특히 절세 효과가 극대화되는 전략이 포함되어 있어, 보는 이의 관점에 따라서는 불편하게 보일 수도 있을 것입니다. 그러나 그 실전 전략의 실행들은 법과 규정이 허용하고 있는 합법적인 실행들로만 이루어져 있습니다. 최근에 나오는 판결과 판례들은 합법성을 다시금 확인시켜주고 있습니다. 다만 염려스러운 것은 절차에 흠결이 있으면 안 된다는 것입니다. 상법 절차의 중요성을 다시 말씀드립니다.

회사의 이사 선임, 재무제표의 승인 등 주요한 의사결정은 주주총회 또는 이사회에서 결정합니다. 중소기업의 경우 자본금이 10억 원 미만인 경우 1인, 2인으로 이사를 정할 수 있습니다. 이사의 수가 3인 미만인 경우 이사회가 구성될 수 없으므로 상법상 이사회의 권한 사항은 주주총회 또는 사내이사(대표이사)가 행사하게 됩니다. 즉, 이사회가 없는 회사는 있지만 주주총회가 없는 회사는 없는 것입니다.

※ 주주총회의 절차

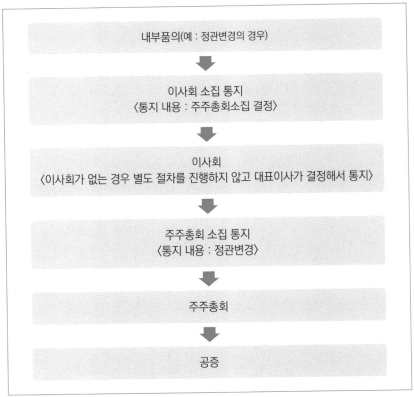

내부품의(예 : 정관변경의 경우)

↓

이사회 소집 통지
〈통지 내용 : 주주총회소집 결정〉

↓

이사회
〈이사회가 없는 경우 별도 절차를 진행하지 않고 대표이사가 결정해서 통지〉

↓

주주총회 소집 통지
〈통지 내용 : 정관변경〉

↓

주주총회

↓

공증

※ 출처 : 저자 제공

▶ 주주총회의 보통결의사항

상법 또는 정관에 규정된 특별결의사항을 제외한 나머지 사항이 보통결의사항이 됩니다.

※ **상법 제368조**(총회의 결의 방법과 의결권의 행사)

① 총회의 결의는 이 법 또는 정관에 다른 정함이 있는 경우를 제외하고는 출석한 주주의 의결권의 과반수와 발행주식총수의 4분의 1 이상의 수로써 해야 한다.

주주총회 보통결의 의결정족수 = 출석한 주주의 의결권의 과반수와 발행주식총수의 4분의 1 이상의 수

---

① 이사, 감사의 선임
② 이사, 감사에 대한 보수의 결정
③ 검사인의 선임, 청산인의 해임, 청산 종결의 승인
④ 재무제표의 승인, 이익의 배당
⑤ 자기주식의 취득결의
⑥ 결손보전을 위한 자본금의 감소, 법정준비금의 감소
⑦ 그 외 상법의 규정 또는 정관에서 특별결의에 의할 것으로 규정한 사항 이외의 사항들

▶ 주주총회의 특별결의사항

※ 상법 제433조(정관변경의 방법)

① 정관의 변경은 주주총회의 결의에 의하여야 한다.

※ 상법 제434조(정관변경의 특별결의)

제433조 제1항의 결의는 출석한 주주의 의결권의 3분의 2 이상
의 수와 발행주식총수의 3분의 1 이상의 수로써 하여야 한다.

> 주주총회 특별결의 의결정족수 = 출석한 주주의 의결권의 3분의 2 이상의 수와 발
> 행주식총수의 3분의 1 이상의 수

> ① 정관의 변경
> ② 영업의 전부 또는 중요한 일부의 양도 등
> ③ 주식매수선택권의 부여
> ④ 이사 또는 감사의 해임
> ⑤ 자본금의 감소, 합병 및 분할, 사후설립, 임의해산
> ⑥ 주주 외의 자에 대한 전환사채 및 신주인수권부 사채의 발행
> ⑦ 주식의 포괄적 교환, 주식의 포괄적 이전, 주식 분할, 주식의 할인발행

2. 이사회의 결의사항

이사회는 회사의 업무집행 관련 의사결정기관으로 주주총회의 권한
을 상법 또는 정관에 규정해놓은 것으로 하고, 이 외의 결정 사항은 이
사회의 권한으로 인정하고 있습니다. 이사회가 구성되지 않았다면 각
이사(대표이사)가 회사를 대표합니다.

※ 상법 제383조(원수, 임기)

> ① 이사는 3명 이상이어야 한다. 다만, 자본금 총액이 10억 원 미만인 회사는 1명 또는 2명으로 할 수 있다.
> ② 이사의 임기는 3년을 초과하지 못한다.
> ③ (중략)
> ④ (중략)
> ⑤ (중략)
> ⑥ 제1항 단서의 경우에는 각 이사(정관에 따라 대표이사를 정한 경우에는 그 대표이사를 말한다)가 회사를 대표하며 각 이사가 이사회의 기능을 담당한다.

▶ 이사회의 결의 방법

※ 상법 제391조(이사회의 결의방법)

① 이사회의 결의는 이사 과반수의 출석과 출석이사의 과반수로 하여야 한다. 그러나 정관으로 그 비율을 높게 정할 수 있다.

> 이사회 결의 방법 = 이사 과반수의 출석과 출석이사의 과반수

➤ 이사회 결의의 주요 안건

① 대표이사의 선임
② 신주의 발행, 준비금의 자본전입
③ 전환사채의 발행, 신주인수권부사채의 발행
④ 주주총회 소집결정, 이사회소집권자의 특정
⑤ 자기주식의 처분, 자기주식의 소각
⑥ 이사의 집행직무 감독
⑦ 회사의 중요한 자산의 처분 및 양도, 대규모 재산의 차입
⑧ 중간배당
⑨ 간이합병, 소규모합병의 합병계약서 승인
⑩ 지배인의 선임 및 해임, 지점의 설치·이전·폐지

3. 대표이사의 적정 보수는 얼마일까요?
임원 보수가 기업가치에 미치는 영향

대표이사는 보통 회사에서 가장 많은 급여를 받는 사람입니다. 판관비에서 큰 비중을 차지하기도 합니다. 법인의 이익이 많아 대표이사의 급여를 올려 법인세를 절감하는 계획을 세우기도 합니다. 중소기업의 경우에는 보통 대표이사가 최대주주이기도 하며, 배당도 받을 수 있습니다. 급여와 배당의 비율을 어떻게 배분하는 것이 적당할까요?

▶ A 기업 vs B 기업의 비교

A 기업 대표이사의 급여와 배당(급여, 배당 최소 수령)
급여와 배당을 많이 받으면 소득세와 건강보험료가 부담되어 최소 수준 수령
→ 법인세 증가, 미처분이익잉여금 누적 → 기업가치 상승 → 상속세 부담 가중

B 기업 대표이사의 급여와 배당(급여, 배당 최대 수령)
급여와 배당을 많이 받으면 소득세와 건강보험료가 상승하지만,
→ 법인세 감소, 미처분이익잉여금 감소 → 기업가치 하락 → 상속세 부담 감소

설마 위 두 기업처럼 1~2가지 이유만으로 급여와 배당의 규모를 책정하는 경우는 없으시겠죠? 대표이사뿐만 아니라 주주들의 배당 및 출구전략들은 많은 변수가 연결되어 있는 방정식들과 비슷합니다. 여러 가지를 고려한 후 결정을 내려야 합니다. 3장에서 '비상장주식의 가치평가'를 보셨다시피, 한 해의 순수익을 조절하는 것은 큰 의미가 없습니다.

☑ 리마인드 : 비상장주식 가치평가

구분	보충적 평가방법
일반적인 평가방법	1주당 평가액 $= \dfrac{\text{1주당 순자산가치} \times 2 + \text{1주당 순손익가치} \times 3}{5}$
부동산 과다법인의 평가방법 (부동산 등 비율 50% 이상)	1주당 평가액 $= \dfrac{\text{1주당 순자산가치} \times 3 + \text{1주당 순손익가치} \times 2}{5}$

법인의 이익이 많은 기업의 고민은 대표이사 개인의 소득세보다는 가업승계를 위한 주식의 이동 시 발생될 증여세와 상속세의 과표가 되는 기업가치의 상승이겠습니다.

실무적으로 이런 문제의 대응은 매년 기업가치의 평가를 통한 적극적인 출구전략의 사용이라고 말씀드립니다. 대표이사의 급여와 배당액은 하반기 법인의 결산 결과를 보고 결정하시는 것을 권장합니다.

올해의 급여는 전년도의 결산을 통해 결정된 것이지요. 3/4분기 결산이 끝나는 10~11월이 되면 배당금액의 결정과 함께 기업의 가치평가도 함께 예측해봅니다. 매년 기업가치평가를 해왔다면 매출 증가와 순이익과 순자산의 증가를 고려한 기업가치 변동 추이를 알 수 있습니다. 기업의 운영자금 같은 현금흐름도 고려해야겠지요. 매출이 증가한다면 시설 투자와 외상매출금 같은 자금의 흐름을 방해하는 요소도 감안해야 합니다. 위험 변수들을 고려하며 급여와 배당액을 결정합니다. 만일 기업의 가치가 크게 상승한다고 추측된다면, 연 내 자녀에게로의 지분이동도 진행합니다.

매출과 자산, 부채의 증가로 인한 외부감사기업 대상이 된다면, 경영 방향에 따라 외부감사를 준비하거나 아니면 외부감사 회피를 위한 자본소각이나 부채상환을 미리 준비해야 합니다.

※ 2024 외부감사대상기준

구분	주식회사	유한회사
자산총액	500억 원 이상(직전 사업연도 말)	
매출액	500억 원 이상(직전 사업연도, 12개월 미만 시 12개월로 환산)	

구분	주식회사	유한회사
일정 규모 이상	(직전 사업연도 말 2가지 이상 해당) ① 자산 120억 원 이상 ② 부채 70억 원 이상 ③ 매출액 100억 원 이상 ④ 종업원 수 100명 이상	(직전 사업연도 말 3가지 이상 해당) ① 자산 120억 원 이상 ② 부채 70억 원 이상 ③ 매출액 100억 원 이상 ④ 종업원 수 100명 이상 ⑤ 사원 수 50명 이상

이처럼 대표이사의 급여와 배당액을 결정하기 위해서는 여러 요소를 고려해야 합니다. 다만, 법인의 이익이 많은데도 불구하고 극단적으로 급여와 배당을 줄여 수령하면, 오히려 대표이사 가지급금의 사용이 발생됩니다. 결국 대표이사의 급여 및 배당은 단편적으로 책정할 것이 아니라 여러 상황을 종합적으로 검토해서 결정하는 것입니다.

더 중요한 것은 한 해의 결산이 끝나고서야 법인세와 기업가치를 파악하기보다는 분기마다 확인해서 급여, 배당, 기업가치, 법인세, 외부감사 회피 등을 확인할 수 있도록 하는 것입니다.

최종적으로 검토해야 할 사항은 기업의 가치입니다. 매년 비상장주식 가치평가를 하시고 이에 가장 중요한 변수는 미처분이익잉여금입니다. 미처분이익잉여금과 관련된 변수는 급여와 배당입니다.

미처분이익잉여금이 증가하면 순자산가치가 올라가고, 순자산가치가 올라가면 기업가치가 올라가며, 기업가치가 올라가면 상속세도 올라갑니다. 대한민국은 상속 최고세율이 50%로서 OECD 국가 중 상속세 1위 국가입니다.

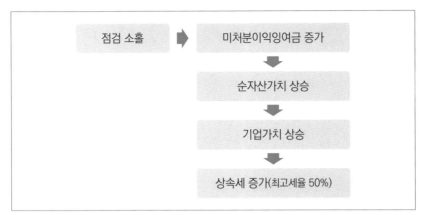

※ 출처 : 저자 제공

결국 대표이사의 적정보수와 배당금액은 기업가치에 영향을 미치므로, 매년 점검하고 계획을 세워 미래의 상속에 대비하는 일정의 시작입니다.

가업승계 전략 수립

1. 가업승계, 기업이 처한 상황마다 전략은 달라져야 한다!

가업승계란, 기업의 경영상태를 존속시키기 위해 운영과 관련된 권한을 승계자에게 물려주기 위한 과정입니다. 운영과 관련된 권한이란, 경영과 소유를 말하는 것입니다. 중소기업의 경우 경영과 소유를 동시에 보유하는 경우가 많아 승계자를 결정하고 권한을 넘겨주는 것을 뜻합니다. 하지만 우리나라의 과세 체제는 자녀 등 가족에게 지분이 이전하는 것을 엄격하게 규정하고 있습니다.

2024년 현재 우리나라 중소기업 대표님들은 대부분 60~80세의 나이에 분포되어 있습니다. 그리고 1950년대생 대표님들이 그 중심에 있습니다. 또한 대표님들이 해당 기업의 최대주주인 경우가 많습니다. 업력이 20~30년 된 기업들은 '상법'상의 발기인 요건으로 인한 차명주식 문제도 있습니다. 이것이 시사하는 것은 앞으로 많은 기업의 가업승계 과정이 순탄하게 흘러가지 않을 수 있다는 것입니다.

※ 가업승계에서의 방해 요소

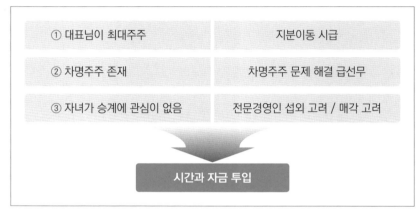

(1) 대표이사가 최대주주 : 지분변동 흐름 제안

증여세도 상속세와 마찬가지로 최대 50%이지만, 피상속인의 모든 상속재산에 따라 세율이 결정되는 상속과 달리 증여받는 가액에 따라 증여세율이 적용됩니다. 증여가 발생될 때마다 세금이 부과되며 수증자가 세금을 부담합니다.

대표이사가 최대주주라면 대표자 보유지분의 이동 계획을 세웁니다. 먼저 기업가치를 평가해 보유지분의 가치를 파악합니다. 자녀에게 증여 전 자녀의 증여세 재원 마련을 위한 출처를 마련합니다. 대표이사 본인 지분 및 배우자 지분의 증여공제를 통한 증여 후 이익소각 등 자본거래로 미처분이익잉여금을 줄입니다. 자녀에게 자녀 공제를 활용한 사전증여를 합니다. 자녀가 둘 이상이라면 자녀의 성향을 살펴 경영권과 배당권 등을 구별해서 분배해 향후 갈등의 여지를 남겨 두지 않는 것도 고려합니다.

※ 증여세 공제 한도

증여자와의 관계	공제 한도액(10년간)
배우자	6억 원
직계존속	5,000만 원(미성년자는 2,000만 원)
직계비속	5,000만 원
기타 친족	1,000만 원

※ 2024년 증여세율

과세표준	세율	누진 공제액
1억 원 이하	10%	없음
1억 원 초과 ~ 5억 원 이하	20%	1,000만 원
5억 원 초과 ~ 10억 원 이하	30%	6,000만 원
10억 원 초과 ~ 30억 원 이하	40%	1억 6,000만 원
30억 원 초과	50%	4억 6,000만 원

(2) 차명주주가 존재 : 사실관계 확인

명의신탁주식이 있다면 증여 문제가 발생합니다. 이름을 빌려준 사람이 증여받은 것으로 보아 증여세가 과세됩니다.

※ 상속세 및 증여세법 제45조의2(명의신탁재산의 증여의제)

> ① 권리의 이전이나 그 행사에 등기 등이 필요한 재산의 실제 소유자와 명의자가 다른 경우에는 '국세기본법' 제14조에도 불구하고 그 명의자로 등기 등을 한 날에 그 재산의 가액을 실제 소유자가 명의자에게 증여한 것으로 본다.

▶ 명의신탁을 하는 이유

- '상법'상의 최소 발기인 요건
- 법인의 제2차 납세의무자로의 과점주주 회피
- 법인 설립 당시 실제 주주의 신용상 문제로 인한 명의신탁

※ '상법'상의 최소 발기인 요건 변동

~1996년 9월 30일	1996년 10월 1일~2001년 7월 23일	2001년 7월 24일~
7인 이상	3인 이상	1인도 가능

▶ 명의신탁 해결 방법

실무상 명의신탁의 해결이 가능한지 아닌지는 결국 증빙자료가 있느냐 없느냐의 문제입니다. 의뢰인인 대표이사는 본인이 해당 주식의 실제 주인이라고 말하지만, 명의를 빌려준 사람이 같은 의견을 가지라는 법은 없습니다. 명의를 빌려줄 때는 지금과 달리 선의로 행한 행동이었는지 모릅니다. 현재 그 상황을 입증할 수 없다면, 명의수탁자의 양심에 의한 자발 환원밖에 방법이 없습니다.

증거 및 대안	내용
납입자본금 납입 사실 증빙	회사의 설립 시 자본금에 대한 납입 증빙에 관련 금융자료 유무
배당 재원의 귀속	설립 이후 배당 시 배당금의 실제 주주에게로의 지속 귀속 확인
명의신탁 해지 약정서	법인 설립 시 양 당사자 간 명의신탁약정서 작성 및 공증 유무
명의신탁 해지에 대한 판결문	명의신탁한 주식으로 인한 분쟁 시 소송을 통한 승소 판결문

명의신탁주식을 위 방법으로도 찾아올 수 없다면 대가를 지불하고 찾아오려 합니다. 명의신탁자, 명의수탁자인 두 당사자가 합의했다는 이유만으로 객관적인 확인이 되지 않은 사실관계인데도 불구하고 양도로 처리한다면 이에 따르는 양도로 인한 문제 또한 간단하지 않습니다.

➤ 명의신탁주식의 환원으로 인해 생길 수 있는 문제

구분	내용
양도세 과세	설립 시의 액면가와 양도 시 시가의 차액에 대한 양도세 과세
양도대금 소명	매매계약에 의한 양도대금의 실제 지급 및 대금의 출처 소명
간주취득세 발생	과점주주로서의 간주취득세 부과

2. 일감 몰아주기를 하면 세무조사가 나온다?

일감 몰아주기의 증여세는 본인·자녀 등이 지배주주로 있는 법인에게 특수관계법인이 일감을 몰아주어 그 본인·자녀·친족 등이 얻게 된 간접적인 이익을 증여로 의제해서 과세하는 것입니다. 여기서 지배주주란 수혜법인의 주주와 그 특수관계인 그룹 중 주식 합계가 가장 큰

그룹에서 주식보유비율이 가장 높은 개인을 말합니다.

※ 상속세 및 증여세법 제45조의3(특수관계법인과의 거래를 통한 이익의 증여의제) 정리

▶ 중소기업 일감 몰아주기 과세요건

① 수혜법인의 세후영업이익이 있을 것
② 수혜법인의 사업연도 매출액 중 지배주주와 특수관계에 있는 법인에 대한 매출액 비율이 50%를 초과할 것
③ 수혜법인의 지배주주 및 그 친족의 직간접 보유지분율이 각각 10%를 초과할 것

※ 일감 몰아주기의 특수관계법인, 수혜법인

일감

특수관계법인   수혜법인

※ 출처 : 저자 제공

 그러나 상속세 및 증여세법 시행령에 의하면 특수관계법인과 수혜법인이 모두 중소기업인 경우에는 해당 매출액 전액을 '과세제외매출액'으로 계산하므로 과세하지 않습니다.

※ 상속세 및 증여세법 시행령 제34조의3(특수관계법인과의 거래를 통한 이익의 증여의제)

⑩ "중소기업인 수혜법인과 중소기업인 특수관계법인 간의 거래에서 발생하는 매출액 등 대통령령으로 정하는 매출액"이란 다음 각 호의 어느 하나에 해당하는 금액(이하 이 조에서 "과세제외매출액"이라 한다)을 말한다. 이 경우 다음 각 호에 동시에 해당하는 경우에는 더 큰 금액으로 한다.
1. 중소기업인 수혜법인이 중소기업인 특수관계법인과 거래한 매출액

중소기업은 일감 몰아주기를 적극 활용해서 가업승계에 도움이 되도록 하시면 되겠습니다.

3. 민사신탁, 가업승계의 패러다임을 바꾸다!

※ 신탁법 제2조(신탁의 정의)

이 법에서 "신탁"이란 신탁을 설정하는 자(이하 "위탁자"라 한다)와 신탁을 인수하는 자(이하 "수탁자"라 한다) 간의 신임관계에 기하여 위탁자가 수탁자에게 특정의 재산(영업이나 저작재산권의 일부를 포함한다)을 이전하거나 담보권의 설정 또는 그 밖의 처분을 하고 수탁자로 하여금 일정한 자(이하 "수익자"라 한다)의 이익 또는 특정의 목적을 위하여 그 재산의 관리, 처분, 운용, 개발, 그 밖에 신탁 목적의 달성을 위하여 필요한 행위를 하게 하는 법률관계를 말한다.

신탁재산의 원소유자인 위탁자가 신탁계약을 통해 수탁자에게 명의와 더불어 관리를 맡기고, 그 이익의 대상물인 급부를 수익자에게 귀속시키는 계약입니다.

※ 신탁의 구조

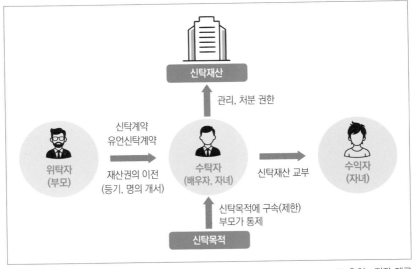

※ 출처 : 저자 제공

▶ 신탁개념 이해하기

예시

  신탁계약이 어떻게 작동되는지 이해관계인을 부동산으로 예를 들어보겠습니다.

  우리가 상식적으로 알던 부동산의 소유 개념에서는 부동산의 소유자가 명의자이고, 소유자에게 사용할 권한과 임대료 수익도 받을 권리가 있습니다. 그리고 부동산을 팔 권리도 소유자에게 있습니다.

  그러나 신탁의 개념은 위의 여러 권리를 구분하고 쪼개어 각각의 이해당사자에게 권한을 부여할 수 있는 것입니다.

  위탁자인 아버지가 살아있는 동안에는 수익자를 아버지 본인으로 설

124   CEO가 알아야 할 가업승계를 위한 10가지 실전 전략

정하고, 아버지 자신이 사망한 후에는 자녀와 배우자를 수익자로 설정하면, 아버지의 사망 후 아버지의 의사대로 재산분배를 처리할 수 있습니다. 아버지의 사망으로 수익자가 신탁재산의 급부를 받는 것입니다. 이것이 신탁의 하나인 유언대용신탁입니다.

※ **신탁의 개념**(부동산의 경우)

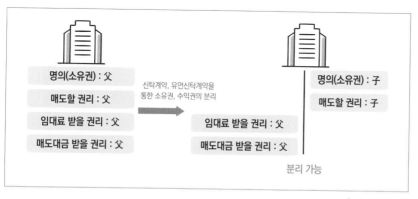

명의(소유권) : 父
매도할 권리 : 父
임대료 받을 권리 : 父
매도대금 받을 권리 : 父

신탁계약, 유언신탁계약을 통한 소유권, 수익권의 분리

임대료 받을 권리 : 父
매도대금 받을 권리 : 父

명의(소유권) : 子
매도할 권리 : 子

분리 가능

※ 출처 : 저자 제공

앞에서 유언대용신탁의 목적물로 부동산을 예로 들었는데, 신탁의 목적물이 주식이 될 수 있습니다. 주식도 부동산과 마찬가지로 신탁으로 권리를 분리할 수 있습니다.

🉂 주식신탁 : 주권이 가지는 2가지 권리인 의결권과 배당권을 분리해서 다른 두 수탁자에게 신탁

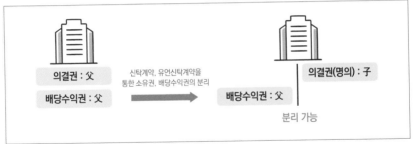

신탁계약, 유언신탁계약을
통한 소유권, 배당수익권의 분리

의결권 : 父
배당수익권 : 父

의결권(명의) : 子
배당수익권 : 父
분리 가능

주식도 마찬가지의 원리로 신탁의 대상을 주식으로 한 주식신탁을 통해 가업승계가 가능합니다.

위탁자인 아버지가 본인 주식의 명의 및 의결권을 아들에게 신탁하고, 배당수익권은 자신에게 신탁하는 계약이 가능합니다. 주식도 부동산과 마찬가지로 의결권과 배당수익권을 분리해서 권한을 부여할 수 있습니다.

앞에 나온 신탁계약의 구체적인 내용을 살펴보면 주주명부상의 주주는 아들, 즉 아들이 의결권을 가지며, 생전에는 아버지가 수익자이고, 사망 후는 어머니가 수익자가 되는 설계입니다. 매우 간단한 설정이지만 얼마든지 응용이 가능하다는 것이 매력적입니다. 나아가 신탁이익을 갖는 시기와 방법도 다양하게 설계할 수 있어 증여세 등의 세금 발생 시기도 조절할 수 있습니다. 신탁의 가장 큰 장점은 매우 유연한 설정이 가능하다는 것입니다.

이 부분은 PART 02에서 예시와 함께 자세히 설명하겠습니다.

4. 유언과 유언대용신탁의 비교

유언은 민법상의 제도로서 재산승계 수단으로 법정방식에 의하지 아니하면 무효가 됩니다. 그래서 피상속인의 의사에 반하거나 피상속인과 상속인과의 상호 합의가 있었다고 하더라도 개별적인 사정을 반영할 여지가 없을 수 있기 때문에 단점이 큰 제도입니다.

유언대용신탁은 신탁법상의 제도로 피상속인의 생전에 위탁자와 수탁자의 계약방식으로 신탁을 설정하기 때문에 생전에 효력이 발생합니다. 그래서 위탁자(피상속인)의 의사와 상속인의 구체적인 사정을 보다 적극적으로 반영해서 상속이 가능합니다. 즉, 유언의 단점을 보완할 수 있습니다.

※ 유언과 유언대용신탁의 비교

유언	유언대용신탁
'민법'에 근거	'신탁법'에 근거
1. 피상속인의 사후에 효력이 발생 2. 법정방식이 아니면 무효	1. 피상속인의 생전에 위탁자와 수탁자의 계약방식으로 신탁 설정 2. 생전에 효력이 발생
피상속인의 의사에 반하거나 상속인과의 합의가 있었다고 하더라도 개별적인 사정을 반영할 여지가 없을 수 있음 → 매우 큰 단점임	피상속인의 의사와 상속인의 구체적인 사정 적극 반영 → 유언의 단점 보완

5. 가업승계제도 제대로 알기

가업승계를 진행한다면 우선 떠오르는 2가지 제도가 있습니다. '가업 상속공제제도'와 '가업의 승계에 대한 증여세 과세특례(이하 증여세 과세특례)'입니다. 하나는 제도이며 또 하나는 특례입니다. 2개의 제도가 서로 다른 법에서 근거하기 때문입니다. 두 제도에 대해 알아보겠습니다.

가업승계 지원을 위한 상속세·증여세 제도 요약

가. 가업상속공제제도(상증법 §18의2)		
혜택		중소기업 등의 원활한 가업승계 지원을 위해 상속세 과세가액에서 공제 ※ 가업영위기간 (10년 이상)300억원, (20년이상)400억원, (30년이상)600억원 한도
요건	피상속인	· 최소 10년 이상 경영한 기업 · 피상속인 포함 최대주주 지분 40%(상장 20%) 이상을 10년간 보유
	상속인	· 18세 이상이면서 상속개시일 2년 전부터 가업에 종사
나. 가업의 승계에 대한 증여세 특례(조특법 §30의6)		
혜택		600억원을 한도로 10억원 공제 후, 120억원까지 10%(120억원 초과분은 20%) 세율 적용 ※ 가업영위기간 (10년 이상)300억원, (20년이상)400억원, (30년이상)600억원 한도
요건	증여자	· 최소 10년 이상 가업을 경영한 60세 이상 부모
	수증인	· 18세이상 거주자(자녀)
다. 가업상속에 대한 상속세 연부연납제도(상증법 §71)		
혜택		총상속세 중 가업상속재산 해당분은 20년 분할납부(또는 10년 거치 10년 분할 납부)
요건		상속세 납부세액이 2천만원 초과
라. 가업승계 시 상속(증여)세 납부유예제도(상증법 §72의2, 조특법 §30의7)		
혜택		가업재산을 상속·증여받은 거주자가 양도·상속·증여하는 시점까지 납부유예 ※ 상속인·수증자가 재차 가업승계(상속·증여)시 계속 납부유예 적용
요건		중소기업

※ 출처 : 2024 가업승계 지원제도 안내(국세청)

6. 가업상속공제제도

10년 이상 영위한 기업을 상속인에게 승계한 경우 최대 600억 원 한도로 상속세를 공제하는 제도입니다. 가업상속공제 요건과 사후관리가 매우 까다롭습니다.

가업상속공제 요건 검토

구 분		검 토 항 목	충족 여부
가업요건	공통	① 상증령 별표에 따른 업종을 주된 사업으로 영위 (가업상속은 개인사업자도 가능)	여/부
		② 10년 이상 계속하여 경영한 기업	여/부
		③ 10년 이내 조세포탈 또는 회계 부정행위로 징역형 또는 「주식회사 등의 외부감사에 관한 법률」 제39조 1항에 따른 죄(거짓으로 재무제표를 작성·공시 등)에 해당하지 않을 것	여/부
	중소기업	① 자산총액 5천억원 미만	여/부
		② 조특령 §2①1, 3호 요건(매출액, 독립성 기준)을 충족	여/부
	중견기업	① 직전 3개 사업연도 매출액 평균 5천억원 미만	여/부
		② 조특령 §9④1, 3호 요건(독립성 기준)을 충족	여/부

⇒ 10년 이상 가업 해당업종 영위 & 매출액 5천억원 이하 & 독립성 기준 충족 필요

구 분	검 토 항 목	충족 여부
피상속인 대표이사 재직	※ ① ~ ③ 중 하나의 기간동안 대표이사 등 재직하면 요건 충족	여/부
	① 가업영위기간 중 50%이상 기간	
	② 상속개시일부터 소급하여 10년중 5년이상 기간	
	③ 가업기간중 10년이상 기간(상속인의 피상속인 대표이사 등 직위 승계하여 상속개시일까지 계속 재직한 경우)	
주식보유	피상속인과 그의 특수관계인의 주식 등을 합하여 비상장기업은 40% (상장기업 20%)이상 주식 10년 이상 계속 보유	여/부
가업 승계자 (상속인)	① 18세 이상	여/부
	② 2년 이상 직접 가업에 종사 〈예외규정〉 − 피상속인이 65세 이전에 사망 − 피상속인 천재지변 및 인재 등으로 사망 ※ 상속개시일 2년 전부터 가업에 종사한 경우로서 병역·질병 등의 사유로 가업에 종사하지 못한 기간은 가업에 종사한 기간으로 봄	여/부
	③ 상속세과세표준 신고기한까지 임원취임 및 상속세과세표준 신고기한부터 2년이내 대표이사 취임	여/부
	④ (중견기업 해당 시)가업상속재산 외에 상속재산의 가액이 해당 상속인이 상속세로 납부할 금액의 2배를 초과하지 않을 것	여/부

(검토내용)
모든 항목 충족시 가업상속공제 가능

※ 출처 : 2024 가업승계 지원제도 안내(국세청)

▶ 가업상속공제 적용대상

개인가업	법인가업
가업에 직접 사용되는 가업용 자산 – 해당 자산에 담보된 채무	주식 · 출자지분X [1–(사업무관자산총액/총자산가액)]

상속재산 중 사업무관자산 비율만큼 일반상속으로 처리됨을 유의하셔야 합니다.

▶ 가업상속공제 금액

사업영위기간	공제금액	
	'18.1.1~'22.12.31	'23.1.1 이후
10년 이상	200억 원	300억 원
20년 이상	300억 원	400억 원
30년 이상	500억 원	600억 원

※ 상속세 및 증여세법 제18조의2(가업상속공제)

> ① 거주자의 사망으로 상속이 개시되는 경우로서 가업으로서 피상속인이 10년 이상
> 계속하여 경영한 기업을 말한다. "가업상속"에 해당하는 경우에는 가업상속재산
> 가액에 상당하는 금액을 상속세 과세가액에서 공제한다. 이 경우 공제하는 금액
> 은 다음 각 호의 구분에 따른 금액을 한도로 한다.
> 1. 피상속인이 10년 이상 20년 미만 계속하여 경영한 경우 : 300억 원
> 2. 피상속인이 20년 이상 30년 미만 계속하여 경영한 경우 : 400억 원
> 3. 피상속인이 30년 이상 계속하여 경영한 경우 : 600억 원

▶ 가업상속공제 사후관리

가업상속공제를 적용받았다고 하더라도 사후관리 기간 5년 동안 '사후 의무요건'을 이행해야 합니다. '사후 의무요건'을 이행하지 못하면 상속세와 이자를 재납부해야 합니다.

▶ 가업상속공제 사후의무 이행 위반 사유

(1) 해당 가업용 자산의 40% 이상을 처분한 경우

(2) 해당 상속인이 가업에 종사하지 아니하는 경우

① 상속인이 대표이사 등으로 종사하지 아니하는 경우
② 가업의 주된 업종을 변경하는 경우
③ 해당 가업을 1년 이상 휴업하거나 폐업하는 경우

(3) 주식 등을 상속받은 상속인의 지분이 감소된 경우

① 상속인이 상속받은 주식 등을 처분하는 경우
② 유상증자 시 상속인이 실권해 지분율이 감소되는 경우
③ 상속인과 특수관계에 있는 자가 주식 등을 처분하거나 유상증자 시 실권해서 상속인이 최대주주 등에 해당하지 아니하게 된 경우
④ 해당 법인의 감자로 인해 보유 주식 수가 감소한 경우(단, 균등 무상감자는 제외)

(4) 다음 항목에 모두 해당하는 경우(5년 후 판단)

① 상속개시일로부터 5년간 정규직 근로자 수의 전체 평균이 상속개시일이 속하는 사업연도의 직전 2개 사업연도의 정규직 근로자 수위 평균의 100분의 90 에 미달하는 경우
② 상속개시일로부터 5년간 총급여액의 전체 평균이 상속개시일이 속하는 사업연도의 직전 2개 사업연도의 총급여액의 평균의 100분의 90에 미달하는 경우

즉, '가업상속공제제도'의 활용으로 상속세 공제 효과를 보기 위해서는 가업상속공제 요건이 적용되어야 하고, 5년간 사후 의무이행의 위반이 없어야 되는 것입니다.

▶ 가업상속재산에 대한 양도소득세 이월과세 적용

상속인이 가업상속공제를 적용받은 재산 중 양도소득세 과세대상 재산에 대해서는 상속인이 양도할 때 피상속인의 보유기간 동안 발생한 재산가치 상승분에 대해 양도소득세로 납부하도록 이월과세합니다.

※ 이월과세 적용 시 양도차익 계산 방법

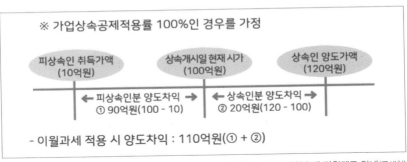

※ 출처 : 2024 가업승계 지원제도 안내(국세청)

아버지가 10억 원에 매입한 주식을 100억 원에 상속합니다. 시간이 흘러 아들이 해당 주식을 120억 원에 팝니다. 100억 원에 상속받은 주식을 120억 원에 팔면, 양도차익이 20억 원이 아닌 아버지의 양도차익 90억 원과 아들의 양도차익 20억 원을 합산한 110억 원이 양도차익으로 과세되는 것입니다.

7. 가업승계에 대한 증여세 과세특례(이하 '증여세 과세특례')

부모가 자녀에게 가업승계를 목적으로 회사 '주식'을 증여하는 경우 600억 원 한도로 10억 원을 공제한 후 10%(과세표준이 120억 원 초과 시 초과 금액은 20%) 세율로 증여세를 과세하는 제도입니다.

가업승계 증여세 과세특례 요건 검토

구 분		검 토 항 목	충족 여부
가업요건	공통	① 법인사업자 여부	여/부
		② 10년 이상 계속하여 경영한 기업	여/부
		③ 상증령 별표에 따른 업종을 주된 사업으로 영위	여/부
		④ 10년 이내 조세포탈 또는 회계 부정행위로 징역형 또는 「주식회사 등의 외부감사에 관한 법률」 제39조 1항에 따른 죄(거짓으로 재무제표를 작성·공시 등)에 해당하지 않을 것	여/부
	중소기업	① 자산총액 5천억원 미만	여/부
		② 조특령 §2①1, 3호 요건(매출액, 독립성 기준)을 충족	여/부
	중견기업	① 직전 3개 사업연도 매출액 평균 5천억원 미만	여/부
		② 조특령 §9④1, 3호 요건(독립성 기준)을 충족	여/부

⇒ 10년 이상 가업 해당업종 영위 & 매출액 5천억원 이하 & 독립성 기준 충족 필요

증여자	① 60세 이상 부모	여/부
	② 증여일 현재 10년 이상 계속 경영 (대표이사 재직 요건은 필요치 않음)	여/부
주식보유	증여자와 그의 특수관계인의 주식 등을 합하여 비상장기업은 40% (상장기업 20%)이상 주식 10년 이상 계속 보유	여/부
가업승계자 (상속인)	① 18세 이상	여/부
	② 증여세 신고기한까지 가업에 종사	여/부
	② 증여일로부터 3년이내 대표이사 취임	여/부

(검토내용)
모든 항목 충족시 가업의 승계에 대한 증여세 과세특례 가능

※ 출처 : 2024 가업승계 지원제도 안내(국세청)

① 18세 이상인 거주자가 60세 이상의 부모로부터 가업의 승계를 목적으로 해당 가업의 주식 또는 출자지분을 증여받고 가업을 승계한 경우에는 가업자산상당액에 대한 증여세 과세가액에서 10억 원을 공제하고 세율을 100분의 10(과세표준이 120억 원을 초과하는 경우 그 초과 금액에 대해서는 100분의 20)으로 하여 증여세를 부과한다.
1. 부모가 10년 이상 20년 미만 계속하여 경영한 경우 : 300억 원
2. 부모가 20년 이상 30년 미만 계속하여 경영한 경우 : 400억 원
3. 부모가 30년 이상 계속하여 경영한 경우 : 600억 원

➤ 일반증여와의 차이점

※ 일반증여와 가업승계에 대한 증여세 과세특례 비교

구분	일반적인 증여	가업승계 증여세 과세특례
증여공제	5,000만 원	10억 원
세율	10~50%	10~20%(600억 원 한도)
증여세 신고 세액공제	가능	불가능
상속재산 가산	10년 내 증여받은 경우 상속재산에 가산	기간에 관계없이 무조건 상속재산에 가산

※ 출처 : 2024 가업승계 지원제도 안내(국세청)

➤ 주의사항

① 증여공제로 10억 원을 공제해주기 때문에 10억 원까지는 증여세가 없습니다. 하지만 이전에 증여한 주식이 있다면 합산한 결과 600억 원 초과 시 초과분은 과세특례가 적용되지 않습니다.

② 일반재산은 10년 이내 증여분만 상속세 계산에 합산하지만, 증여세 과세특례가 적용된 주식은 기간에 관계없이 증여 당시 평가액을 상속재산에 산입해서 다시 정산합니다.

▶ 증여세 과세특례 사후관리

가업을 승계한 후 주식의 증여일로부터 5년 이내에 정당한 사유 없이 가업승계 의무를 이행하지 아니하면 증여한 가업 주식을 일반증여로 보아 증여세와 이자를 재납부해야 합니다.

▶ 증여세 과세특례 사후의무 이행 위반사유

① 가업을 승계하지 않은 경우

② 휴업하거나 폐업하는 경우

③ 증여받은 주식 등의 지분이 줄어드는 경우

가업상속공제와 증여세 과세특례 비교

구 분			사후 가업상속	사전 가업승계
가업상속승계	대상		중소기업 중견기업(매출액 5천억원 미만)	중소기업 중견기업(매출액 5천억원 미만)
	한도		최대 600억원 (가업영위기간) 10년 300억원, 20년 400억원, 30년 600억원	최대 600억원 (가업영위기간) 10년 300억원, 20년 400억원, 30년 600억원
	기본공제		–	10억원
	세율		상속세율(10 ~ 50%)	과세표준 120억 이하 : 10% 120억 초과 : 20%
	피상속인 요건 (증여자)		최대주주 & 지분40%(상장20%)이상 10년보유	최대주주 & 지분40%(상장20%)이상 10년보유
	사후관리	기간	5년	5년
		업종	대분류 내 변경허용	대분류 내 변경허용
		고용	근로자수(총급여)5년 평균 90% 유지	없음
		자산	40%이상 처분금지	없음
		지분	상속받은 지분 유지	증여받은 지분 유지
납부유예			납부유예 선택가능(중소기업)	납부유예 선택가능(중소기업)
연부연납			20년(10년거치10년납부) 적용	15년 적용

※ 출처 : 2024 가업승계 지원제도 안내(국세청)

8. 창업자금에 대한 증여세 과세특례

창업 활성화 및 투자와 고용을 창출하고 경제활력을 도모하기 위해서 도입된 제도입니다.

※ 조세특례제한법 제30조의5(창업자금에 대한 증여세 과세특례)

> ① 18세 이상인 거주자가 중소기업을 창업할 목적으로 60세 이상의 부모로부터 토지·건물 등의 재산을 제외한 재산을 증여받는 경우에는 증여받은 재산의 가액 중 창업자금[증여세 과세가액 50억 원(창업을 통해 10명 이상을 신규 고용한 경우에는 100억 원)을 한도]에 대해서는 증여세 과세가액에서 5억 원을 공제하고 세율을 100분의 10으로 하여 증여세를 부과한다.

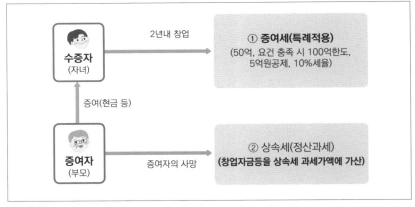

※ 출처 : 2024 가업승계 지원제도 안내(국세청)

※ 창업자금에 대한 증여세 과세특례는 가업승계 과세특례와 중복으로 적용받을 수 없고, 1가지만 선택해서 적용받을 수 있습니다.

※ 창업자금에 대한 증여세 과세특례와 가업승계에 대한 증여세 과세특례 비교

구 분		창업자금에 대한 증여 과세특례	가업의 승계에 대한 증여 과세특례
취지		부의 조기이전을 통해 경제 활력 증진	생존시 가업승계를 통해 중소기업의 영속성 지원
요건	당사자	60세 이상 부모 → 18세 이상인 거주자	가업상속공제 규정에 따른 가업을 10년 이상 계속하여 영위한 60세 이상인 부모 → 18세 이상인 거주자
	증여대상	양도세 과세대상제외 재산 [50(100)억원 한도]	주식 등의 가액 중 가업자산 상당액에 대한 증여세 과세가액[600억원 한도]
	기타사항	2년 이내 창업	수증자가 증여세 과표신고기한까지 가업에 종사하고 증여일부터 3년 이내에 대표이사에 취임
		4년 이내에 창업자금 사용	
	특례신청	신고기한까지 특례신청	신고기한까지 특례신청
과세특례		(증여세과세가액 – 5억원) × 10%	가업자산 상당액에 대한 증여세 과세가액 – 10억원) × 10%(20%)
사후 관리	가산세 부과	창업자금사용내역 제출 및 명세서 미제출가산세 = 미제출분·불분명한금액 × 0.3%	–
	증여세 추징 (이자 상당액 가산)	– 2년이내 창업하지 아니한 경우 – 적용업종 외의 업종을 영위 – 4년이내 모두 해당 목적에 미사용 하거나, 증여받은 후 10년이내 사업 용도 외의 용도로 사용한 경우, 창업 후 10년 이내에 사업을 폐업하거나 수증자가 사망한 경우	– 5년이내 대표이사직을 상실한 경우 – 5년이내 주된 업종을 변경*하거나 1년이상 휴업·폐업 * '24.2.29. 이후 ① 대분류 내 변경, ② 대분류 이외는 평가심의위원회 승인을 거쳐 업종변경 가능 – 5년이내 수증자의 지분이 감소한 경우
상속세 및 증여 세법 적용		– 상속재산에 가산하는 증여재산에 포함(기간 상관없음) – 증여세액공제시 창업자금(주식)에 대한 증여세액공제 – 특례적용 받지 않는 일반세율적용 증여재산과 합산하지 않음 – 신고세액공제 적용 배제	

※ 출처 : 2024 가업승계 지원제도 안내(국세청)

2023년 2분기 국세통계포탈(TASIS)에서 '가업승계 지원제도 적용 건수'를 공개했습니다. 최근 5년간 가업승계 지원제도 적용이 늘어나고 있는 추세지만, 2022년 기준으로 가업상속공제 건수는 147건으로 상속세 결정 1만 5,760건의 0.93%이며, 증여세 과세특례는 410건으로 증여세 결정 25만 2,412건의 0.16%입니다. 가업승계 지원제도의 현실적 어려움을 알 수 있습니다.

다음 표들은 2023년 국세통계포털(TASIS)과 2023년 국세청 보도 참고자료이며, 가업승계를 고민 중인 기업가들에게 시사하는 바가 큽니다. 2022년 기준으로 보시기 바랍니다.

가업승계 지원제도 적용 건수

구분	결정 건수(2022년)	비고
가업상속공제	147건	상속세 결정 1만 5,760건의 0.93%
가업승계 증여세 과세특례	410건	증여세 결정 25만 2,412건의 0.16%

※ 출처 : 2023 국세통계포털(TASIS)(국세청)

상속세 결정 최근 현황

구분	2021	2022	2023
과세인원(피상속인 수)(명)	12,749	15,760	19,944
총상속재산가액(100만 원)	26,582,682	62,726,925	51,856,398

※ 출처 : 2023 국세통계포털(TASIS)(국세청)

➤ 증여세 결정 최근 현황

구분	2021	2022	2023
증여세 결정건수(건)	275,592	252,412	208,508
증여세 증여재산가액(100만 원)	53,809,890	44,094,647	35,190,316

※ 출처 : 2023 국세통계포털(TASIS)(국세청)

최근 5년 가업승계 세제 혜택 증감 현황

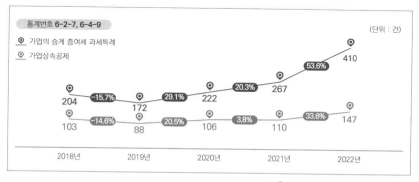

※ 출처 : 2023 보도 참고자료(국세청)

PART 02

가업승계를
위한 실전
경영전략 10

PART 01에서 익힌 개념을 기본으로 PART 02

에서 실전에 접목할 수 있도록 합니다.

자사주 취득,
반드시 알아야 할 자본거래의 기본

　자사주 취득은 자본거래의 기본 전략으로 회사가 이미 발행한 주식을 어떤 목적에 의해 매입하는 것을 말합니다. 실무상 매도자는 주로 주주인 대표자이며, 자신이 보유한 주식을 회사에 매각하는 것을 말합니다.

　자사주 취득은 자본거래의 기본이라고 말할 수 있습니다. 그 이유는 자사주 취득을 응용한 전략들이 활발히 활용되고, 주의해야 할 상법 절차 및 발생되는 세금 등 실행이 매우 까다로워서 자사주 취득을 능히 이해하고 실행할 수 있다면 다른 자본거래들도 실행이 가능하실 것이기 때문입니다.

　자본거래 등을 실행하기 위한 주요 절차는 주주총회와 이사회입니다. 주주총회와 이사회의 결의사항 중 자사주 취득 등 여러 자본거래가 있는 것입니다.

자사주 취득 시 목적에 다른 구분

자사주 취득 목적	과세처리 내용
소각거래(자본거래)	• 의제배당 과세 • 2,000만 원 이하 15.4% 분리과세, 초과분은 합산과세
매매거래(손익거래)	• 양도소득세 분류과세 • 과세표준 3억 원 이하 20%, 3억 원 초과분은 25%(지방세 미포함)

※ 자사주 취득

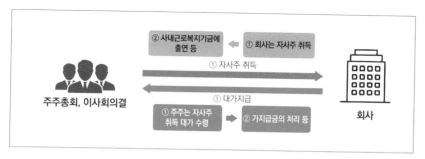

※ 출처 : 저자 제공

▶ 자사주 취득이 필요한 시점은?

자사주 취득의 합법성은 이제는 이견이 없는 이슈입니다. 자사주 취득의 장점과 효과를 알면 회사와 주주의 여건이 될 때 자사주 취득을 실행하는 것입니다.

(1) 가지급금 해결

법인이라면 피하기 어려운 가지급금 문제를 해결할 수 있습니다. 가지급금 해결의 책임자는 대표이사입니다. 가지급금의 전통적인 해결 방법으로는 급여의 인상과 배당지급이 있습니다. 그러나 급여와 배당은 최고세율 45%로 큰 부담이 아닐 수 없습니다. 또한 급여와 배당을 받음으로써 소득이 상승해서 4대 보험 인상까지 감수해야 하기에 선뜻 진행할 수 없는 것입니다.

반면에 자사주 취득은 보유 목적인 경우 양도소득세로 분류과세하며, 과세표준 3억 원 이하면 20%, 3억 원 초과분은 25%입니다. 자기주식 매매를 통한 가지급금의 처리 또는 상계에 의한 처리가 가능합니다. 자사주 취득으로 인한 소득 발생 시에는 분류과세로서 4대 보험의 인상이 없습니다.

(2) 기업가치 조절

법인의 과도한 미처분이익잉여금의 보유는 주가를 높이고 기업가치를 상승시킵니다.

여유 지분의 자기주식 매매로 미처분이익잉여금을 감소시킵니다.

(3) 법인의 이익금을 낮은 세 부담으로 환원

최대 25%인 자사주 취득으로 고소득자인 대표님의 소득세 인상 없는 출구전략 마련이 가능합니다.

(4) 경영권을 공고히 함

지배주주 외 주주들의 지분 매입으로 경영권을 강화할 수 있습니다. 이렇게 매입한 자사주는 후에 승계자에게 양도될 수도 있습니다.

(5) 핵심 임직원 보상제도

자기주식을 주식매수선택권처럼 활용합니다. 주식매수선택권은 당장 자금이 부족한 벤처 기업, 스타트업 기업이 우수인력을 유치하기 위해 나중에 IPO 등이 성공해서 주가가 상승했을 때, 임직원에게 시세보다 훨씬 낮은 가격으로 살 수 있는 권리를 주는 것입니다. 회사가 보유한 자기주식을 핵심 임직원에게 지급해 근로의욕을 고취시킵니다.

(6) 종업원 복지에 활용

회사보유분 주식을 사내근로복지기금에 출연해서 배당하고 배당을 통한 재원으로 근로자 복지에 사용할 수 있습니다.

※ 보유 목적 자사주의 주의사항

① 정확한 주가 평가 필요
② 주주별 상법 요건 및 절차 준수(개별 주주의 주주총회 참석 및 의결사항 등 사실관계 확인)
③ 실행 후 정확한 세무신고 및 관련 자료 비치
④ 회사와 주주의 자사주 취득 목적 인식 등 사후관리

이익소각,
의제배당을 장착하라!

이익소각이란, 회사가 발행한 주식에 대해 주주와 회사 간의 주식 매매계약을 체결하고 기업이 보유 중인 이익잉여금으로 주식 취득대금을 지급하며, 매입한 주식을 일정 기간 내에 소각하는 것을 말합니다. 이때 자본금을 유상감자하는 것이 아닌 이익잉여금으로 소각하는 것이므로 법정 자본금에는 변동이 없고 이익잉여금만 줄어들게 되는 것입니다.

▶ 배우자증여 이익소각

그런데 여기서 쟁점이 되는 것은, 배우자증여를 활용한 이익소각입니다. 최근 수년간 미처분이익잉여금 출구 방법 및 가지급금의 해결에 많이 사용됐는데요. 절세 효과가 상당한, 매우 참신하고 기발한 방법인데도 불구하고 과세당국에서 볼 때 인정할 수 없는 사례들이 나와서 문제가 되고 있습니다. 따라서 세무적, 법적 이슈를 정확하게 알 필요가 있겠습니다.

※ 배우자증여 이익소각

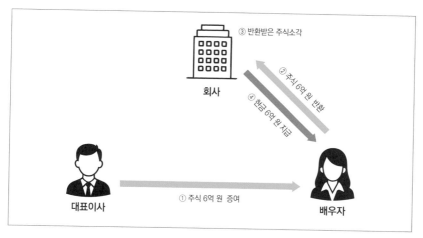

③ 반환받은 주식소각

회사

② 주식 6억 원 반환

④ 현금 6억 원 지급

대표이사

① 주식 6억 원 증여

배우자

※ 출처 : 저자 제공

🔸 배우자증여 이익소각 진행 절차(예 : 6억 원 진행)

① 비상장주식평가와 (필요시) 주권발행
② 배우자에게 주식 6억 원을 증여(사전증여재산 확인)
③ 수증자인 배우자는 주식을 법인에 반환
④ 회사는 반환받은 주식을 소각하고, 소각대가로 대표이사의 배우자에게 6억 원을
   지급

이것이 배우자증여를 활용한 이익소각의 절차인데요. 이 과정에서
증여세나 배당세가 발생하지 않습니다. 그 이유는 대표가 배우자에게
증여 시 배우자증여공제 6억 원이 소진되어 증여세가 없고, 시가로 증
여받은 배우자는 동일한 시가로 법인에 반환했으므로 취득가와 법인반
환 시 소각대가의 차이가 없기 때문에 의제배당에 의해 그 차액에 배당

세가 붙지 않는 것입니다.

☑️ 리마인드 : 의제배당이란?

법인의 주식소각 또는 자본감소로 해당 주주가 투자금을 회수하는 경우 당초 투자 지분을 취득한 금액을 초과해서 수령한 재산가액을 배당이라고 보아 배당소득세를 과세합니다. 이를 '의제배당'이라고 합니다[소득세법 제17조(배당소득)].

≫ 의제배당금액

의제배당금액 = 감자대가(소각대가) − 주식 등의 취득가액

고등법원, 대법원에서 주식을 취득하기 위해 사용한 금액을 초과하는 금액만 의제배당이라고 확인시켜 주었습니다. 즉, 가격 차이가 없으므로 세금이 없다는 것이죠.

그럼에도 불구하고 쟁점이 되는 것은 과세당국의 입장은 국세기본법상 '실질과세'의 원칙을 들어 실질이 아닌 거래에 대해 제재하려는 움직임이 있습니다. 국세기본법 제14조 3항에 실질과세에 관한 규정이 있는데요. 제3자를 통한 간접적인 방법이나 둘 이상의 행위 또는 거래를 거치는 방법이라고 되어 있습니다.

※ 국세기본법 제14조(실질과세)

> ① 과세의 대상이 되는 소득, 수익, 재산, 행위 또는 거래의 귀속이 명의(名義)일 뿐이고 사실상 귀속되는 자가 따로 있을 때에는 사실상 귀속되는 자를 납세의무자로 하여 세법을 적용한다.

② 세법 중 과세표준의 계산에 관한 규정은 소득, 수익, 재산, 행위 또는 거래의 명칭이나 형식과 관계없이 그 실질 내용에 따라 적용한다. 〈개정 2020. 6. 9.〉
③ 제3자를 통한 간접적인 방법이나 둘 이상의 행위 또는 거래를 거치는 방법으로 이 법 또는 세법의 혜택을 부당하게 받기 위한 것으로 인정되는 경우에는 그 경제적 실질 내용에 따라 당사자가 직접 거래를 한 것으로 보거나 연속된 하나의 행위 또는 거래를 한 것으로 보아 이 법 또는 세법을 적용한다.

▶ 과세관청과의 최근 행정소송 결과

① 2023년 4월 26일 수원지방법원 1심 판결에서 납세자가 승소 판결
② 2024년 4월 5일 수원고등법원 판결에서 납세자가 승소 판결

배우자증여 이익소각에 대한 최근 판결은 납세자에게 유리하게 나오고 있습니다. 그러나 이전의 판결은 과세관청이 승소한 판결도 있었습니다. 과세관청의 주장대로 국세기본법 제14조 3항 실질과세에 관한 규정이 제재의 이유입니다.

▶ 배우자증여 이익소각에 대한 쟁점

〈납세자 측〉		〈과세관청 측〉
• 증여로 인한 배우자증여공제 한도가 감소 • 주식 양도대금이 매도자에게 귀속	VS	• 증여, 양도, 소각이 단시간에 이루어진 비합리적 형식 • 주식소각으로 인한 소득이 증여자에게 귀속

≫ 실질과세에 관한 규정에 저촉되는 배우자증여 이익소각

① 부부 간 교차증여 후 이익소각을 실행

② 주식소각으로 인한 소득이 증여자에게 귀속되는 실행

→ 비록 배우자 간 금전소비대차계약을 해서 매도자가 증여자에게 대여했다고 하더라도 처음부터 증여자가 법인에 바로 매도한 1개의 행위로 봄

배우자증여 이익소각의 장점은 자본금의 변동이 없으며, 배우자증여 공제를 활용해서 배당세가 없다는 것입니다. 반면에 과세관청의 입장은 일련의 가장행위로 보아 과세하려 합니다. 과세관청에서 과세하려는 데에는 상법 절차 및 이익소각 과정에서의 명백한 절차상 하자가 있기 때문이므로 이를 잘 인지하고 실행하셔야 할 것입니다.

신자본환원,
신이익소각은 자본거래의 끝판왕

신자본환원, 신이익소각의 관련 개념인 이익소각, 유상감자에 대해 먼저 알아보겠습니다.

이익소각은 주주와 회사 간의 주식 매매계약을 체결하고, 기업이 보유 중인 이익잉여금으로 주식 취득대금으로 지급하며, 매입한 주식을 소각하는 것을 말합니다. 이때 자본금을 유상감자하는 것이 아닌 이익 잉여금으로 소각하는 것이므로 법정 자본금에는 변동이 없고 이익잉여 금만 줄어들게 되는 것입니다.

》 이익소각 실행 후 등기부등본의 주식 수와 자본금 변동

발행주식의 총수와 그 종류 및 각각의 수		자본금의 액	변경 등기
발행주식의 총수	~~160,000주~~	~~금 800,000,000원~~	2011
~~보통주식~~	~~160,000주~~		2011
발행주식의 총수	120,560주		2021
보통주식	120,560주	금 800,000,000원	2021

※ 출처 : 저자 제공

유상감자는 주주와 회사 간의 주식 매매계약을 체결하고, 기업이 보유 중인 이익잉여금으로 주식 취득대금으로 지급하며, 매입한 주식을 소각하는 것을 말합니다. 그러나 이때 자본금을 소각하는 것으로 자본금과 함께 주식 수도 줄어들게 됩니다.

》 유상감자 실행 후 등기부등본의 주식 수와 자본금의 변동

발행주식의 총수와 그 종류 및 각각의 수		자본금의 액	변경 등기
발행주식의 총수	~~20,000주~~	~~금 200,000,000원~~	2011
~~보통주식~~	~~20,000주~~		2011
발행주식의 총수	18,737주		2021
보통주식	18,737주	금 187,370,000원	2021

※ 출처 : 저자 제공

'신자본환원'과 '신이익소각'을 설명하기 위해 '배우자증여 이익소각'과 비교해보겠습니다. 배우자증여 이익소각에 배당세가 없는 이유는 배우자증여를 통한 의제배당을 활용하기 때문인데, 이러한 배우자증여의 과정이 불필요한 것이 '신자본환원'과 '신이익소각'입니다.

신자본환원과 신이익소각의 특징은 주주 본인의 주식을 액면가로 소각하기 때문에 취득가와 소각가의 차이가 없어 '배우자증여'라는 과정이 없어도 배당소득세가 없습니다. 대신에 액면가로 소각하기 때문에 시가로 소각하는 이익소각에 비해 소각대가의 금액이 적을 수 있습니다. 또한 균등소각을 해서 기타 주주가 있다면 기타 주주에게도 소각대가가 지급되어야 합니다. 그럼에도 불구하고, 또 다른 큰 장점은 소각 시 자본금의 변동이 없어 건설업 등 자본금을 유지해야 하는 업종에 적합한 전략입니다.

예시 가지급금 해결을 위한 신자본환원 실행

㈜○○산업(전문건설업)		〈지분비율〉	
자본금	9.4억 원	A(회장님)	95%
미처분이익잉여금	54억 원	B 주주	3%
가지급금	11억 원	C 주주	2%
		총주식 수	94,000주

▶ ㈜○○산업의 신자본환원 실행 후 지분변동

주주	현재		신자본환원 실행 지분		신자본환원 후 지분	
	주식 수	지분율	주식 수	지급액	주식 수	지분율
A	89,300	95%	84,835	848,350,000	4,465	95%
B	2,820	3%	2,679	26,790,000	141	3%
C	1,880	2%	1,786	17,860,000	94	2%
계	94,000	100%	89,300	893,000,000	4,700	100%

앞의 표는 신자본환원 실행의 예시입니다. 전문건설업인 주식회사 ○○산업은 A, B, C 3명의 주주로 구성되어 있고, 전문건설업 면허 유지를 위해서는 자본금의 감소가 있어서는 안 됩니다. 그러나 건설업의 특성상 상당한 가지급금이 존재하고 있습니다. 경영실권자인 회장님은 오래전에 사모님과 사별하시고 혼자 계십니다. 그래서 선택한 가지급금 해결을 위한 신자본환원입니다.

주주가 3명이고 총주식 수는 94,000주이며, 각 주주의 지분율이 95%, 3%, 2%입니다. A 회장님이 89,300주, B 주주가 2,820주, C 주주가 1,880주입니다. 세 주주의 지분을 균등해서 95%를 신자본환원합니다.

A 회장님은 84,835주를 소각해서 848,350,000원을 지급받습니다.
B 주주는 2,679주를 소각해서 26,790,000원을 지급받습니다.
C 주주는 1,786주를 소각해서 17,860,000원을 지급받습니다.

그리고 주식소각 후 주식의 비율은 변동이 없고 각 주주의 주식 수만 95% 줄어들어 총주식 수가 4,700주가 됩니다.

또한 소각대가는 미처분이익이여금에서 지급되기 때문에 자본금의 변동은 없습니다. 여기 등기부등본의 발행주식 수의 변동을 보시면 주식 수는 94,000주에서 95% 감소한 4,700주이고, 자본금은 변동 없이 940,000,000원입니다. 균등소각, 액면가소각의 조건을 지켰기 때문에 일체의 세금이 발생하지 않습니다. A 회장님은 8억 원의 가지급금을 해결하셨고, 건설업 면허 유지에도 전혀 문제가 없습니다.

≫ ㈜○○산업 신자본환원 실행 후 등기부등본의 주식 수와 자본금의 변동

발행주식의 총수와 그 종류 및 각각의 수		자본금의 액	변 경 연 등 기 연
발행주식의 총수	~~94,000 주~~		2021.08
~~보통주식~~	~~4,700 주~~		2021.08
~~제1종종류주식~~	~~89,300 주~~	~~금 940,000,000 원~~	
발행주식의 총수	4,700 주		2021.08
보통주식	4,700 주	금 940,000,000 원	2021.08

※ 출처 : 저자 제공

기존의 이익소각에 비해 배우자증여과정이 없어, 조건이 맞는 기업에 해당된다면 매우 효과적인 가지급금 해결 방법인 것 같습니다.

그리고 신자본환원과 신이익소각은 법인잉여금 출구전략에 적합한 절세전략으로서 조건과 결과는 같고 원리만 다른 전략입니다.

≫ 신자본환원, 신이익소각의 공통점

① 배우자증여를 하지 않고
② 액면가 균등소각을 함으로써
③ 세금 없이 법인의 잉여금을 엑시트합니다.

※ 신자본환원

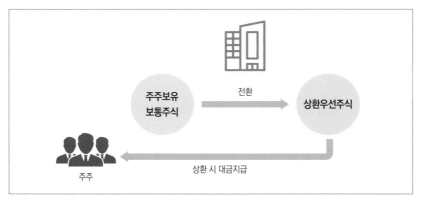

전환

주주보유
보통주식

상환우선주식

주주

상환 시 대금지급

신자본환원은 액면가로 소각하면서 자본금은 건드리지 않는 것이 핵심인데, 그러기 위해서는 종류주식(상환우선주)으로의 전환이 필수적입니다.

▶ 신자본환원 실행 절차

1. 보통주식을 상환우선주로 전환하기 위해 종류주식규정을 넣어 정관을 개정
2. 개정된 정관의 변경내용을 공증, 등기를 통해 법인등기부등본에 기재한 후
3. 일정 기간 경과 후 주주가 상환청구
4. 종류주식소각 효과로 인한 대가로 미처분이익잉여금에서 감액

※ 상법 제345조(주식의 상환에 관한 종류주식)에 근거

① 회사는 정관으로 정하는 바에 따라 회사의 이익으로써 소각할 수 있는 종류주식을 발행할 수 있다. 이 경우 회사는 정관에 상환가액, 상환기간, 상환의 방법과 상환할 주식의 수를 정하여야 한다.
② (중략)

③ 회사는 정관으로 정하는 바에 따라 주주가 회사에 대하여 상환을 청구할 수 있는 종류주식을 발행할 수 있다. 이 경우 회사는 정관에 주주가 회사에 대하여 상환을 청구할 수 있다는 뜻, 상환가액, 상환청구기간, 상환의 방법을 정하여야 한다.

④ 제1항 및 제3항의 경우 회사는 주식의 취득의 대가로 현금 외에 유가증권이나 그 밖의 자산을 교부할 수 있다. 다만, 이 경우에는 그 자산의 장부가액이 배당가능 이익을 초과하여서는 아니 된다.

⑤ (중략)

신이익소각은 종류주식으로의 전환이 필요 없는 보통주 이익소각입니다.

➤ 신이익소각 실행 절차

1. 주주총회와 이사회를 거쳐 이익소각에 관한 세부 사항을 결정
2. 그리고 자사주매입절차인 주주통지서, 공고, 매매계약서 작성을 해서 대금 지급
3. 마지막 절차로 보통주식의 소각등기

※ 상법 제343조(주식의 소각)에 근거

① 주식은 자본금 감소에 관한 규정에 따라서만 소각(消却)할 수 있다. 다만, 이사회의 결의에 의하여 회사가 보유하는 자기주식을 소각하는 경우에는 그러하지 아니하다.

② 자본금감소에 관한 규정에 따라 주식을 소각하는 경우에는 제440조 및 제441조를 준용한다.

▶ 신자본환원과 신이익소각 비교

신자본환원	비교	신이익소각
상환우선주로의 전환	vs	보통주 이익소각
정관의 변경, 등기	vs	정관의 변경 X
소각등기	vs	소각등기

신자본환원은 실행 초기에는 정관변경, 종류주식으로의 전환, 법인 등기부등본의 등기 등 다소 복잡한 과정을 거치지만 상환청구를 하는 시점에는 대금 지급 등의 과정이 간편하게 이루어진다는 특징이 있습니다.

그에 반해 신이익소각은 이익소각과 거의 동일한 상법의 절차대로 진행하기 때문에 법인등기 및 이사회, 주총 등이 익숙해서 선명한 과정과 결과를 낼 수 있다는 특징이 있습니다.

한편 현실적으로 실무 진행상 신자본환원의 소각등기가 법원 등기관의 개별판단에 따라 결정된다는 점에서 신이익소각이 신자본환원보다 더 예측 가능하다고 할 수 있습니다.

▶ 세금 없는 출구전략, 자본거래 4개 전략의 핵심 정리입니다.

※ 세금 없는 출구전략 : 가지급금 해결, 주가 인하, 잉여금처리, 가업승계에 활용

이익소각	유상감자	신자본환원	신이익소각
배우자증여 활용(시가 소각)		배우자증여 활용 불가(액면가소각)	
자본금 변동 X	자본금 변동 ○	자본금 변동 X	자본금 변동 X
보통주	보통주	상환우선주	보통주

출구전략의 신개념,
감액배당

감액배당은 상법 규정에 따라 자본잉여금 중 자본준비금을 재원으로 하는 배당을 말하며, 이때 배당소득세가 발생하지 않는 규정이 있습니다. 즉, 주주는 비과세로 배당을 받는 것이죠. 자본잉여금의 대표적인 계정은 주식발행초과금입니다. 감액배당에 대해 자세히 알아보겠습니다.

재무상태표 [Balance sheet(B/S)]

〈자산〉		〈부채〉	
		〈자본〉 **자본금**	
	자본잉여금	**주식발행초과금**	
		감자차익	
		기타자본잉여금	
	이익잉여금	**이익준비금**	
		임의적립금	
		미처분이익잉여금	

감액배당은 2011년 상법개정 당시부터 있었던 제도입니다. 기존의 자본준비금은 자본전입과 결손보전에만 사용할 수 있었습니다. 그러나 상법 제461조의2 준비금의 감소 규정이 신설됨에 따라 자본준비금은 미처분이익잉여금으로 대체해서 배당 재원으로 사용하게 됩니다.

※ 상법 제461조의2(준비금의 감소)

> 회사는 적립된 자본준비금 및 이익준비금의 총액이 자본금의 1.5배를 초과하는 경우에 주주총회의 결의에 따라 그 초과한 금액 범위에서 자본준비금과 이익준비금을 감액할 수 있다.

소득세법 시행령 제26조의3을 보면 자본준비금을 감액해서 받는 배당은 배당소득세에 포함하지 않는다는 규정이 있습니다.

※ 소득세법 시행령 제26조의3(배당소득의 범위)

> ⑥ '상법' 제461조의2에 따라 자본금을 감액하여 받은 배당은 법 제17조 제1항에 따른 배당소득에 포함하지 아니한다.

자본준비금은 자본전입과 결손보전뿐만 아니라 감액도 가능해졌다는 것이죠. 그 근거로 법인세법 제18조 평가이익 등의 익금불산입을 보면 자본준비금의 감액에 대한 비과세 규정이 있습니다.

※ 법인세법 제18조(평가이익 등의 익금불산입)

> 다음 각 호의 금액은 내국법인의 각 사업연도의 소득금액을 계산할 때 익금에 산입하지 아니한다.
> (중략)
> 8. '상법' 제461조의2에 따라 자본준비금을 감액해 받는 배당금액

주주에게 배당되는 재원은 사실상 주주가 낸 돈을 다시 돌려받는 것이므로 해당 배당금을 익금불산입 대상 및 배당소득 과세 대상이 아닌 것으로 규정하고 있습니다. 앞의 규정을 근거로 자본준비금을 감액하는 배당에는 세금이 없는 것입니다. 여기서 등장하는 자본준비금과 이익준비금은 PART 01에서 이미 배웠습니다. 자본준비금은 자본거래에서 생긴 이익을 적립함으로써 생기는데 대표적인 자본준비금은 주식발행초과금입니다.

☑ 리마인드 : 자본잉여금

자본잉여금이란 자본거래를 통한, 즉 증자, 감자 등을 통해 자본을 증가시키는 잉여금을 말합니다. 자본잉여금의 개념보다 자본잉여금의 구성 항목에는 무엇이 있는지 구성 항목별 발생 원인을 알아봅니다. 여러 실행전략에서 중요한 요소이므로 자본계정에서 자본금, 주식발행초과금, 이익준비금, 미처분이익잉여금을 잘 이해해야 합니다.

☑ 리마인드 : 주식발행초과금

회사가 액면가보다 높은 가액으로 주식을 발행할 때 액면가액을 초과하는 경우, 그 초과하는 금액이 주식발행초과금입니다. 회사가 증자할 때 주주들이 동일한 비율로 증자에 참여하는 경우는 액면가로 증자해 증자분이 전부 자본금으로 들어가는 것입니다. 이때는 주식발행초과금이 발생되지 않습니다.

실전 Tip ♥ 주식발행초과금 계산

(한 주당 발행가액(시가) × 증자 주식 수) - (한 주당 액면가 × 증자 주식 수)입니다.

액면가 10,000원/ 시가 13,000원/ 증자액 26,000,000원

> (13,000 × 2,000) − (10,000 × 2,000) = 6,000,000(주식발행초과금)
> 26,000,000(증자액) − 6,000,000(주식발행초과금) = 20,000,000(자본금 전입)
> 입니다.
> 증자되는 주식 수 = 2,000주

☑️ 리마인드 : 이익준비금

이익준비금이란 법정적립금으로 상법에 의해 자본금의 1/2에 달할 때까지 배당액의 1/10 이상의 금액을 적립하는 것을 말합니다. 적립하다가 자본금의 1/2을 초과하게 되면 임의적립금계정에 적립하게 됩니다.

그럼 다시 상법 제461조의2(준비금의 감소)를 가져와 자본금의 1.5배를 초과하는 자본준비금 및 이익준비금의 총액을 감액할 수 있도록 계산해보겠습니다.

예시 ㈜○○산업의 감액배당의 계산

자본금	2억 원	자본금의 1.5배 = 3억 원
주식발행초과금	5억 원	주식발행초과금 + 이익준비금 = 6억 원
이익준비금	1억 원	자본금의 1.5배 = 3억 원 감액배당액은 6억 원 − 3억 원 = 3억 원

→ 상법 제461조의 2에 근거해 3억 원을 주주 균등으로 비과세 배당할 수 있습니다.

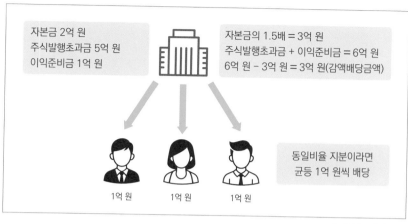

법인세법 제18조와 소득세법 시행령 제26조를 다시 보면 자본준비금과 이익준비금 중 '자본준비금'을 감액해서 배당받은 경우, 익금불산입 및 배당소득에 포함하지 않는다고 했는데, 자본준비금과 이익준비금이 동시에 존재하는 경우는 어떻게 구분해서 자본준비금만으로 배당할까요? 즉, 감액배당을 실행했으나 이익준비금이 아닌 자본준비금에서 감액을 한 경우는 비과세이기 때문입니다.

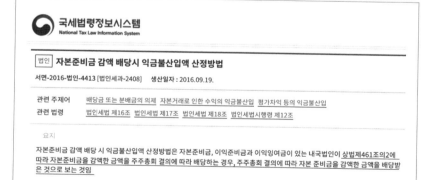

세법 예규에는 상법 제461조2에 따라 자본준비금을 감액한 금액을 주주총회결의에 따라 배당하는 경우 익금불산입한다고 밝히고 있습니다. 즉, 감액 시 자본준비금으로 감액할 것인가, 이익준비금으로 감액할 것인가는 주주총회결의에 의해 결정된다는 것입니다. 주주총회에서 자본준비금으로 감액하겠다고 결의하면 배당 시 세금이 없는 것입니다.

다만 무조건 비과세되는 것이 아니고, 다음 유형은 과세가 되므로 유의해서 진행해야 합니다.

▶ 자본준비금 등 감액배당 시 익금불산입의 예외 규정

※ 법인세법 제18조(평가이익 등의 익금불산입)의 예외 규정

① 채무의 출자전환 시 채무면제이익
② 자기주식 등 소각이익(소각 당시 시가가 취득가를 초과하지 아니하는 경우로서 소각일로부터 2년 지난 후 전입하는 금액 제외)
③ 적격합병 시 합병차익 중 피합병법인의 다음 금액
   - 자산재평가이익
   - 피합병법인 이익잉여금
   - 의제배당대상 자본잉여금(1% 재평가적립금 등)
④ 적격분할 시 분할차익 중 분할법인의 다음금액(분할차익 한도)
   - 자산평가이익
   - 분할감자차익(1% 재평가적립금 등)
⑤ 상환우선주식의 주식발행액면초과액(24. 1. 1 추가)

▶ 자본준비금 감액배당 개인주주 VS 법인주주

개인주주의 감액배당 과세	법인주주의 감액배당 과세
감액배당을 지급받는 개인주주는 배당소득세 부담이 없음 → 전액 비과세처리	감액배당받은 금액이 장부가액 한도 내 익금불산입 → 장부가액 한도 내 비과세처리

☑ 리마인드 : 가수금의 출자전환 효과

가수금을 출자전환하면 가수금만큼 자본이 늘어납니다. 자본의 증가분 중 액면가 초과분은 주식발행초과금이 됩니다. 이때 발생한 자본준비금으로 비과세 배당을 할 수 있습니다. 가수금이 있는 경우에 고려해볼 수 있습니다.

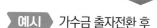 가수금 미처리 시

자산 150억 원	총부채	100억 원
	가수금	30억 원
	총자본	50억 원
	자본금	5억 원

예시 가수금 출자전환 후

자산 150억 원	총부채	70억 원
	가수금	0원
	총자본	80억 원
	자본금	10억 원
	주식발행초과금	25억 원

ⓖ 자본금 10억 원의 1.5배인 15억 원을 초과한 주식발행초과금과 이익준비금의 합산액을 세금 없이 배당 가능한 것입니다.

특정법인의 설립으로
가업승계의 초석을 놓다!

조건을 갖춘 특정법인은 모(母) 법인으로부터 차등배당받을 때 모(母) 법인의 보유지분비율에 따라 법인세가 절감되고 특정법인의 주주에게도 증여세가 발생하지 않을 수 있습니다. 여러 형태의 특정법인을 예로 들어 각 케이스별로 법인세와 지배주주의 증여세를 계산해보겠습니다.

▶ 특정법인으로서 차등배당 활용 시 체크포인트 3

① 특정법인의 모(母) 법인 지분비율에 따른 익금불산입률
② 모(母) 법인의 차등배당 시 법인세
③ 차등배당 후 특정법인 주주의 증여의제 여부

(1) 피출자법인에 대한 출자비율에 따른 익금불산입률

피출자법인에 대한 출자비율	익금불산입률
50% 이상	100%
20% 이상 50% 미만	80%
20% 미만	30%

(2) 특정법인이 1억 원을 차등배당받을 경우의 법인세 예시

피출자법인에 대한 출자비율	법인세 과세표준	법인세(율)
50% 이상	0	0
20% 이상 50% 미만	20,000,000원	1,800,000원(9%)
20% 미만	70,000,000원	6,300,000원(9%)

(3) 차등배당 후 특정법인 주주의 증여의제 여부

> **계산 예시 1**

- 모(母) 법인 3억 원 배당, 특정법인에 전액 차등배당
- 특정법인의 모(母) 법인 지분비율 1%, 나머지 주주의 지분비율 99%
- 특정법인의 지배주주의 지분비율(4인 균등-각 25%)

---

① 차등배당금액 297,000,000원

② 익금불산입 30% = 89,100,000원

③ 법인세 과세표준(익금산입) = 207,900,000원

④ 법인세 = 18,000,000(9%)원 + 1,501,000(19%)원 = 19,501,000원

★ 증여의제 여부

⑤ 297,000,000(차등배당) − 19,501,000(법인세) = 277,499,000원(법인세 차감 후 배당금)

⑥ 277,499,000 ÷ 4 = 69,374,750원(주주 1인 수증이익)
 주주별 수증이익이 1억 원 미만이므로 증여세가 없습니다.

- 모(母) 법인 5억 원 배당, 특정법인에 전액 차등배당
- 특정법인의 모(母) 법인 지분비율 1%, 나머지 주주의 지분비율 99%
- 특정법인의 지배주주의 지분비율(4인 균등-각 25%)

---

① 차등배당금액 495,000,000원

② 익금불산입 30% = 148,500,000원

③ 법인세 과세표준(익금산입) = 346,500,000원

④ 법인세 = 18,000,000(9%)원 + 27,835,000(19%)원 = 45,835,000원

★ 증여의제 여부

⑤ 495,000,000(차등배당) − 45,835,000원(법인세) = 449,165,000원(법인세 차감 후 배당금)

⑥ 449,165,000 ÷ 4 = 112,291,250원(주주 1인 수증이익)

주주별 수증이익이 1억 원 초과이므로 전액 증여가액이 되어 증여세가 발생합니다.

주주별 증여세 = 12,458,250원 과세

- 모(母) 법인 10억 원 배당, 특정법인에 전액 차등배당
- 특정법인의 모(母) 법인 지분비율 20%, 나머지 주주의 지분비율 80%
- 특정법인의 지배주주의 지분비율(4인 균등-각 25%)

① 차등배당금액 800,000,000원

② 익금불산입 80% = 640,000,000원

③ 법인세 과세표준(익금산입) = 160,000,000원

④ 법인세 = 14,400,000(9%)원

★ 증여의제 여부

⑤ 800,000,000(차등배당) − 14,400,000(법인세) = 785,600,000원(법인세 차감 후 배당금)

⑥ 785,600,000 ÷ 4 = 196,400,000원(주주 1인 수증이익)

주주별 수증이익이 1억 원 초과이므로 전액 증여가액이 되어 증여세가 발생합니다.

주주별 증여세 = 29,280,000원 과세

계산 예시 4

- 모(母) 법인 10억 원 배당, 특정법인에 전액 차등배당
- 특정법인의 모(母) 법인 지분비율 50%, 나머지 주주의 지분비율 50%
- 특정법인의 지배주주의 지분비율(4인 균등-각 25%)

① 차등배당금액 500,000,000원

② 익금불산입 100% = 500,000,000원

③ 법인세 과세표준(익금산입) = 0원

④ 법인세 = 0원

★ 증여의제 여부

⑤ 500,000,000(차등배당) − 0(법인세) = 500,000,000원(법인세 차감 후 배당금)

⑥ 500,000,000 ÷ 4 = 125,000,000원(주주 1인 수증이익)

주주별 수증이익이 1억 원 초과이므로 전액 증여가액이 되어 증여세가 발생합니다.

주주별 증여세 = 15,000,000원 과세

- 모(母) 법인 5억 원 배당, 특정법인에 전액 차등배당
- 특정법인의 모(母) 법인 지분비율 50%, 나머지 주주의 지분비율 50%
- 특정법인의 지배주주의 지분비율(2인 균등-각 50%)

① 차등배당금액 250,000,000원
② 익금불산입 100% = 250,000,000원
③ 법인세 과세표준(익금산입) = 0원
④ 법인세 = 0원
★ 증여의제 여부
⑤ 250,000,000(차등배당) − 0(법인세) = 250,000,000원(법인세 차감 후 배당금)
⑥ 250,000,000 ÷ 2 = 125,000,000원(주주 1인 수증이익)
   주주별 수증이익이 1억 원 초과이므로 전액 증여가액이 되어 증여세가 발생합니다.
   주주별 증여세 = 15,000,000원 과세

- 모(母) 법인 2억 원 배당, 특정법인에 전액 차등배당
- 특정법인의 모(母) 법인 지분비율 1%, 나머지 주주의 지분비율 99%
- 특정법인의 지배주주의 지분비율(3인 균등-각 33%)

① 차등배당금액 198,000,000원

② 익금불산입 30% = 59,400,000원

③ 법인세 과세표준(익금산입) = 138,600,000원

④ 법인세 = 12,474,000(9%)원

★ 증여의제 여부

⑤ 198,000,000(차등배당) − 12,474,000(법인세) = 185,526,000원(법인세 차감 후 배당금)

⑥ 185,526,000 ÷ 3 = 61,842,000원(주주 1인 수증이익)

주주별 수증이익이 1억 원 미만이므로 증여세가 없습니다.

계산 예시 7

- 모(母) 법인 4억 원 배당, 특정법인에 전액 차등배당
- 특정법인의 모(母) 법인 지분비율 5%, 나머지 주주의 지분비율 95%
- 특정법인의 지배주주의 지분비율(4인 균등-각 25%)

① 차등배당금액 380,000,000원

② 익금불산입 30% = 114,000,000원

③ 법인세 과세표준(익금산입) = 266,000,000원

④ 법인세 = 18,000,000(9%)원 + 12,540,000(19%)원 = 30,540,000원

★ 증여의제 여부

⑤ 380,000,000(차등배당) − 30,540,000(법인세) = 349,460,000원(법인세 차감 후 배당금)

⑥ 349,460,000 ÷ 4 = 87,365,000원(주주 1인 수증이익)

주주별 수증이익이 1억 원 미만이므로 증여세가 없습니다.

- 모(母) 법인 20억 원 배당, 특정법인에 전액 차등배당
- 특정법인의 모(母) 법인 지분비율 50%, 나머지 주주의 지분비율 50%
- 특정법인의 지배주주의 지분비율(2인 균등-각 50%)

---

① 차등배당금액 1,000,000,000원

② 익금불산입 100% = 1,000,000,000원

③ 법인세 과세표준(익금산입) = 0원

④ 법인세 = 0원

★ 증여의제 여부

⑤ 1,000,000,000(차등배당) − 0(법인세) = 1,000,000,000원(법인세 차감 후 배당금)

⑥ 1,000,000,000 ÷ 2 = 500,000,000원(주주 1인 수증이익)

주주별 수증이익이 1억 원 초과이므로 전액 증여가액이 되어 증여세가 발생합니다.

주주별 증여세 = 90,000,000원 과세

특허자본화,
기술력의 정량적 가치화이며
무에서 유를 창조

특허권 등의 산업재산권은 제목 그대로 무에서 유를 창조하는 활동이며, 정성적 가치이면서 정량적 가치를 가지는 권리이자 자산입니다. 산업재산권의 활용은 다른 자산의 활용에 비해 드라마틱한 결과를 가져오며, 활용의 최종단계인 가치평가 후 자본화(자본전입)를 목표로 도전하는 것이 바람직합니다. 회사마다 처한 상황이 다르고 CEO의 성향도 다르다고 해도 다음과 같은 정보가 있다면 산업재산권의 활용도는 증가할 것입니다.

절세전략으로 너무나 효과적이어서 그동안 규정 변경으로 인해 절세효과가 줄어들었는데도 불구하고, 여전히 매력적인 전략임에는 틀림없습니다. 2024년 현재 산업재산권의 양도는 필요경비율이 60% 인정되는 기타소득입니다. 참고로 산업재산권 등과 같이 경비율이 60%로 인정되는 기타소득은 일시적 강연료, 원고료, 인세 등이 있습니다.

~2018년 3월	2018년 4월~2018년 12월	2019년 1월~
산업재산권 양도 시 필요경비율 80% 적용	산업재산권 양도 시 필요경비율 70% 적용	산업재산권 양도 시 필요경비율 60% 적용

10억 원 가치의 특허권을 양도할 때 6억 원을 제하고 4억 원에 대해 다른 소득과 합산해서 종합소득세의 과표가 산정됩니다.

※ 소득세법 제21조(기타소득)

> ① 기타소득은 이자소득·배당소득·사업소득·근로소득·연금소득·퇴직소득 및 양
> 도소득 외의 소득으로서 다음 각 호에서 규정하는 것으로 한다.
> 1. ~ 6. (중략)
> 7. 광업권·어업권·양식업권·산업재산권·산업정보, 산업상 비밀, 상표권·영업권,
> 토사석(土砂石)의 채취 허가에 따른 권리, 지하수의 개발·이용권, 그 밖에 이와
> 유사한 자산이나 권리를 양도하거나 대여하고 그 대가로 받는 금품

▶ 산업재산권의 활용

특허권 및 상표권 등의 산업재산권은 감정평가를 받아서 거래해야 합니다. 특허권자인 양도인인 개인과 양수인은 감정평가서를 근거로 양수도 금액을 정하고 양수도 계약을 체결합니다. 법인에 양수도 금액 만큼 출자해서 기업의 재산에 편입시킵니다.

▶ 기대효과

① 무형자산 감가상각을 통한 법인세 절감
② 자본에 출자해서 자기자본비율 상승(부채비율 감소)
③ 대표자 소득세 절감
④ 산업재산권의 양수 대가로 가지급금 등 해결

(1) 무형자산 감가상각을 통한 법인세 절감

대표자 명의의 특허권 등을 기업 명의로 이전하게 되면 대표자는 대가를 받고, 기업은 5~7년간 감가상각비로 처리해서 법인세가 절감됩니다.

※ 법인세법 시행규칙 [별표 3]

무형자산의 내용연수표(제15조 제2항 관련) 중 일부

내용연수	무형자산
5년	영업권, 디자인권, 실용신안권, 상표권
7년	특허권

(2) 출자전환해서 자기자본비율 상승(부채비율 감소)

무형자산을 출자받은 회사는 무형자산의 가치만큼 자본이 늘어나 그만큼 부채비율이 감소합니다.

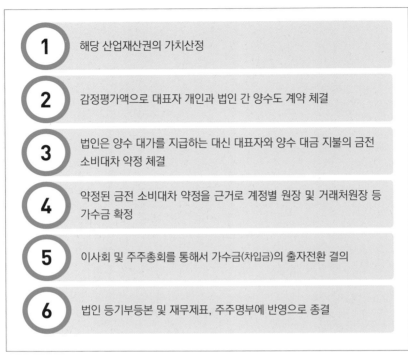

1	해당 산업재산권의 가치산정
2	감정평가액으로 대표자 개인과 법인 간 양수도 계약 체결
3	법인은 양수 대가를 지급하는 대신 대표자와 양수 대금 지불의 금전 소비대차 약정 체결
4	약정된 금전 소비대차 약정을 근거로 계정별 원장 및 거래처원장 등 가수금 확정
5	이사회 및 주주총회를 통해서 가수금(차입금)의 출자전환 결의
6	법인 등기부등본 및 재무제표, 주주명부에 반영으로 종결

※ 출처 : 저자 제공

(3) 대표자 소득세 절감

특허권 등의 산업재산권의 양수도에는 기타소득을 처리하게 되어 있습니다. 실제 양도한 가액의 60%를 필요경비로 인정받으므로 만일 대가가 10억 원이라면 6억 원을 경비로 인정받고 4억 원에 대해서만 과세하기 때문에 실효세율이 최대 18%입니다. 급여나 배당에 비해 매우 큰 소득세 절감 효과가 있습니다.

(4) 산업재산권의 양수 대가로 가지급금 해결

특허권 등의 산업재산권을 법인에 양도하고 양수한 대가를 법인이 지급하는 대신 특허권자의 가지급금과 상계해서 처리합니다.

▶ 산업재산권 자본화 시 주의사항

다만, 과세당국의 입장을 보면 국세기본법상 실질과세 규정을 근거로 대표자가 양도한 산업재산권의 거래를 엄격하게 봅니다. 가장 중요한 것은 실제로 특허권이나 상표권의 귀속이 대표자에게 있느냐는 것입니다. 과세당국에서는 대표자가 보유한 산업재산권을 법인에 양도하고, 대가로 가지급금을 처리한 경우에 순수한 대표자 개인의 힘으로 산업재산권을 취득했는지 검토합니다.

(1) 가치이전의 공정성

반드시 감정평가사가 발급한 감정평가서를 통한 거래여야 합니다.

(2) 산업재산권의 실질적인 주체

산업재산권의 취득과 등록에 있어 비용부담의 주체가 명확히 대표자여야 하며, 법인의 개입이 없어야 합니다. 대표는 흔히 자신과 법인을 동일시하고 법인의 자산을 이용하는 것에 익숙합니다. 회사 설비나 자재를 이용하거나 기업부설연구소 연구원의 아이디어를 참조하기도 하죠. 이런 내용이 있다면 순수한 대표님의 권리로 인정받지 못합니다. 진정으로 자신의 산업재산권을 인정받고자 한다면 법인의 개입이 전혀 없어야 하고 이를 증명할 수 있어야 한다는 것이죠.

≫ 허용되는 산업재산권의 활용

① 개인사업자를 운영 중 취·등록한 산업재산권의 법인에 양도

② 대표자가 양도 대가를 받지 않고 출자전환으로 처리한 경우

    – 회사의 자본은 증가되지만 대표자는 (기타)소득세만 발생하는
경우

③ 소액의 양수도 거래(3억 원 미만)

④ 실질을 증명 가능한 거래

위 ②, ③, ④는 전문가와 상담 후 진행해야 합니다.

▶ 대표이사의 실질 특허권을 인정한 인용 사례

국세법령정보시스템
National Tax Law Information System

문서번호	심사-법인-2022-		
결정유형	인용	세목	법인세
생산일자	2022. 09. 21.	귀속연도	2023
제목	특허권의 실질 귀속자는 청구법인의 대표이사임		
요지	대표이사는 단순히 발명에 대한 기본적인 과제와 아이디어만을 제공하였거나 연구자를 일반적으로 관리한 자가 아니라 중장비 부품 제조공정의 자동화설비를 위한 새로운 착상을 구체화한 자로서 기술적 사상의 창작행위에 실질적으로 기여한 자로 보임		
내용	결정내용은 붙임과 같습니다.		
관련법령	법인세법 제67조, 국세기본법 제14조, 국세기본법 제16조, 국세기본법 제65조		
상세내용			

주 문

○○세무서장이 2021.10.6. 청구법인에게 한 법인세 ○○원(2019.1.1.~12.31. 사업연도 ○○원, 2020.1.1.~12.31. 사업연도 ○○원)의 부과처분 및 2019년 과세연도 ○○

※ 출처 : 국세법령정보시스템

개인이 법인에 산업재산권을 양도하는 경우 그에 따르는 원천세액과 지급액입니다.

※ 산업재산권의 양도 시, 원천세 신고 및 종합소득세신고(상표권 1.8억 원 거래 기준)

■ 원천세 신고납부(법인의 의무)

거래일의 익월 10일까지 신고납부

2024년 8월 중에 양수도가 된다면, 원천세 신고납부일은 2024년 9월 10일입니다.

180,000,000원의 60%를 공제한 40%인 72,000,000원이 과표됩니다.

법인은 72,000,000원의 22%인 15,840,000원을 신고/납부

법인은 상표권자인 개인에게 원천세액을 제외한 164,160,000원 지급

※ 기타소득 원천세율 22%

■ 2025년 5월 31일 (개인) 종합소득세 신고

〈180,000,000원의 60%를 공제한 40%인 72,000,000원 + 다른 소득〉으로 종합소득세 산출 후 기 납부한 15,840,000원을 차감하고 소득세 납부

※ 2025년 5월 (2024년 귀속 종합소득세) 신고 시 총소득의 소득세율에 따름

사내근로복지기금의 설립으로
1석 3조의 효과를 누리다!

2021년 관련 법이 개정되어 법인과 개인사업자, 개인 병·의원에서의 활용이 가능해졌습니다. 대기업에서는 30여 년 전부터 이미 설립되어 활용되고 이제는 없어서는 안 될 중요한 제도로 자리 잡고 있습니다. 사내근로복지기금의 설립 등 이론은 PART 01을 참조하시고 이 장에서는 실질혜택에 대해 이야기하겠습니다.

▶ 사내근로복지기금으로 누릴 수 있는 실질혜택 3

① 종업원 실질소득 향상
② 법인세 절감
③ 가업승계 활용

(1) 종업원 실질소득 향상

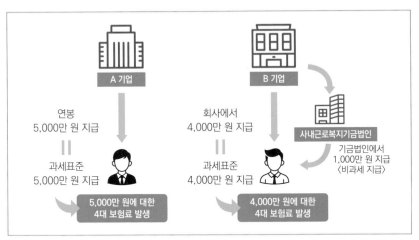

※ 출처 : 저자 제공

그림과 같이 A 기업에서 지급되는 급여를 포함한 모든 보수는 소득세 과세표준이 되고 덩달아 4대 보험까지 상승하게 됩니다. 기업에서 복지 차원으로 지급되더라도 원천 과세이기 때문에 종업원들이 누리는 혜택은 반감됩니다. 반면에 B 기업은 회사 안에 사내근로복지기금이 설립되어 있습니다. 급여는 당연히 과세처리되고 사내근로복지기금에서 지급되는 부분은 비과세로 지급받습니다. 비과세 지급분만큼 4대 보험 비용도 발생하지 않습니다. 다음 표에서 자세히 비교하겠습니다.

사내근로복지기금 혜택에 따른 기업 간 근로자 1人 소득 비교

(※ 양사 공제 무시)

구분	A 기업	B 기업
연봉	5,000만 원	5,000만 원
비과세	0원	1,000만 원
과세표준	5,000만 원	4,000만 원
소득세	6,787,000원	5,137,000원
4대 보험(종업원 부담)	2,248,640원	1,799,760원

구분	A 기업	B 기업
실수령액	5,000만 원 − (6,787,000 + 2,248,640) = 40,964,360원	5,000만 원 −(5,137,000 + 1,799,760) = 43,063,240원
실질소득 차액	43,063,240 − 40,964,360 = 2,098,880원 B 기업 근로자 > A 기업 근로자 → 약 210만 원 차이	

참고로 사업주 절감액입니다.

구분	A 기업	B 기업
4대 보험(사업주 부담)	2,248,640원	1,799,760원
근로자 10人 경우 비교	2,248,640 − 1,799,760 = 448,880원×10人 = 4,488,800원	

B 기업 근로자의 실질 연 소득이 약 210만 원 더 높은 것으로 나옵니다. A 기업의 경영자는 210만 원의 차이를 좁히기 위해 영업활동, 수주받기, 생산관리, 산재 위험, 납품 배송, 외상매출금 회수하기 등의 과정을 추가로 해야만 합니다. 정부에서 적극 권장하고 있는 제도입니다. 기업 운영에 도움이 되시면 좋겠습니다.

(2) 법인세 절감

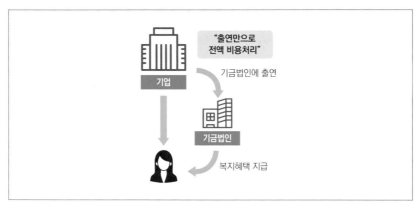

※ 출처 : 저자 제공

연말에 거래 회사로부터 갑작스러운 발주와 계산서 요청으로 곤란
했던 적이 있으실 것입니다. 이미 거의 결산을 마치고 법인세 규모까지
확정해둔 경우에 이런 일이 벌어지면 대책을 마련하기가 어렵습니다.
기금법인에 출연하는 출연금의 규모만 충분하다면 과다법인세의 발생
을 헤지할 수 있습니다.

》 기금법인의 기금조성과 출연할 수 있는 자산의 종류

1. 원칙적으로 당해 사업장의 직전 사업연도 세전 순이익의 5/100를 기준으로 협의
   회가 협의·결정한 금액을 사업주가 출연하되, 협의회의 협의, 결정이 아닌 방법
   으로 사업주 및 제3자가 임의로 재산을 출연해서 조성 가능
2. 출연금 출연 시기는 특별한 제한 규정이 없으므로 일시에 출연하거나 나누어 출
   연하는 가능
3. 사업주가 임의로 출연할 수 있는 기타 재산은 **주식, 부동산과 정관이 정하는 재산
   으로 사실상 어떠한 재산이라도 출연 가능**

Q : 기금법인의 기금조성을 위해 출연할 수 있는 자산에 주식도 포함
　　된다면 자사주, 즉 회사보유 자기주식도 기금법인에 출연 가능합
　　니까?

A : 출연된 자기주식은 배당을 통한 배당금으로 기금법인의 원래 목
　　적인 근로자 복지에 사용될 수 있습니다. 자기주식 출연 시 법인
　　세의 절감 효과도 있습니다.

※ 자사주 취득 후 기금법인으로 출연

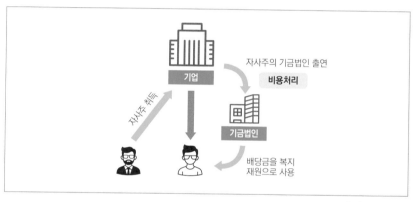

※ 출처 : 저자 제공

(3) 가업승계 활용

　기금법인으로의 출연은 부의 사회 환원인 아름다운 기부행위입니다.
기금법인에 출연된 주식은 상속재산에 포함되지 않습니다. 출연하지
않으면 상당한 상속세를 내는 반면, 기금법인에 출연하면 상속세를 절
세하고, 기금법인의 운영을 통해서 기업을 경영하며, 더불어 종업원들
에게 혜택도 줄 수 있습니다.

상속 전, 100억 원 가치 지분 중 50억 원 지분 기금법인에 출연

구분	100억 원 상속	50억 원 출연 + 50억 원 상속
과세표준	100억 원	50억 원
상속세	50억 원	25억 원
경영권 확보	**〈상속세 납부 후〉** ■ 지분 50억 원 보유	**〈상속세 납부 후〉** ■ 25억 원 지분 보유 + 기금법인이 50억 원 지분 보유

※ 시가로 상속받은 지분 중 50억 원의 지분을 시가로 이익소각을 해서 상속세를 마련합니다. '경영전략 10. 경영인정기보험'에서 다시 설명하겠습니다.

※ 삼성그룹 이건희 회장님 유고 시 미술품을 포함한 수조 원의 재산을 사회에 환원했습니다. 이 경우 상속세 과세표준도 낮추고, 일반 국민도 혜택을 볼 수 있습니다. 대한민국 최고 기업인 삼성답게 지혜롭고 과감한 결정을 내렸습니다. 이재용 회장을 비롯한 유가족들은 12조 원대의 상속세를 납부 중입니다. 상속재산의 상당한 부분을 사회에 환원한 삼성가의 결정은 시사하는 바가 큽니다.

"이재용도 힘들다"…삼성家도 못 피한 韓 상속세, OECD 중 부담 '1위'

장유미 기자   입력 2023.05.11 11:00

GDP 대비 상속증여세수 비중, OECD 회원국 중 가장 높아…근본적 개편 필요
가업상속공제제도 유명무실화, 기업승계 사실상 어려워…"韓만 할증평가 실시"

[아이뉴스24 장유미 기자] 우리나라 상속세가 해외 주요국에 비해 과도하게 높아 기업 경영의지를 떨어뜨린다는 주장이 나왔다. 삼성의 경우 고(故) 이건희 회장 타계 이후 이재용 삼성전자 부회장을 비롯한 오너 일가의 상속세가 12조원대인데, 기업승계가 기업과 국가 경제의 지속성에 미치는 영향을 고려할 때 상속세제의 근본적인 개편이 필요하다는 분석이다.

※ 출처 : 아이뉴스24

민사신탁, 가업승계 전략의
패러다임을 바꾸다!

　가업승계에 있어 신탁법을 활용하지 못한다는 것은 마치 제트엔진을 떼고 프로펠러 엔진으로 비행하겠다는 것과 마찬가지입니다. 기업이 처한 상황에 따라 사용할 전략이 적절히 마련되어 있어야 합니다. 가업승계 계획을 세울 때 세법에서 정한 규정만으로 만족할 만큼의 절세 효과를 낼 수는 없습니다.

✅ **리마인드** : 신탁의 개념(부동산으로 설명)

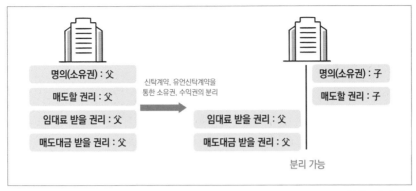

✅ **리마인드** : 주식신탁의 개념

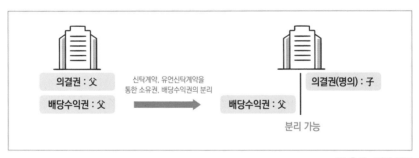

세법에서 생소한, 권리의 분리가 가능한 신탁법을 적용한 예시입니다.

▶ 사례 1

㈜○○산업
〈지분비율〉
대표이사 70%
배우자 10%
장인 20%

　법인 설립 시 장인이 20% 참여한 경우입니다. 대표님은 평소 장인의 유고 시 지분 20%가 대표 본인이 원치 않는 주주에게 가는 등의 간섭적인 요소를 사전에 예방할 수 있는 방법을 찾고 있었습니다. 사위는 상속권자가 아니기 때문에 이 20%의 지분이 상속권자인 처가 식구들에게 전부 상속되어 경영간섭을 하거나, 특별한 이익을 요구하는 등의 문제가 발생할 수 있습니다. 또한 상속인 중의 일부가 전혀 모르는 제3자에게 주식을 넘길 수도 있습니다. 그렇게 되면 통제되지 않는 주주가 들어오는 일이 생깁니다. 결국 기업을 대표님의 의지대로 경영하는 것이 어려워집니다. 이러한 리스크를 해결하기 위해 장인의 동의를 받아 주식신탁(유언대용신탁)을 합니다.

▶ 주식신탁계약

㈜○○산업	
〈지분비율〉	**〈장인 지분 20%에 대한 신탁계약〉**
대표이사 70%	위탁자 : 장인
배우자 10%	수탁자 : 대표이사(의결권)
장인 20%	수익자 : ① 장인 생존 시 → 장인
	② 장인 사후 → 딸(대표님의 배우자)

위탁자는 장인, 수탁자(의결권)는 대표이사, 위탁자 생존 시는 위탁자 본인이 수익자로 하고, 위탁자 사후에는 상속인인 딸이 수익자가 되는 신탁계약을 맺습니다. 신탁계약 시 자인의 지분이 사위에게로 명의가 변경되어, 외부에서 장인의 지분이 차명으로 오해받는 것도 피하고 의결권이 공고해지는 효과가 있습니다. 장인의 생존 시 배당은 장인이 받고, 사망 후 딸에게 수익권이 승계됩니다.

> ## ▶ 주식신탁계약 후 지분변동

㈜○○산업	
〈지분비율〉	〈지분비율〉
대표이사 70%	대표이사 90%
배우자 10%	배우자 10%
장인 20%	

▶ 사례 2

㈜○○공업
〈지분비율〉
대표이사 100%

대표님 지분이 100%인 법인입니다. 대표님은 본인의 모든 지분을 큰아들에게 물려주려고 합니다. 그러나 큰아들의 나태하고 욕심 많은 성향을 보고, 아버지인 본인 사망 후 경영에 매진하지 않을 염려와 다른 상속인들에게 수익을 나누어 주지 않을까 하는 염려를 하고 있었습니다.

❯❯ 주식신탁계약

㈜○○공업	
〈지분비율〉 대표이사 100%	**〈대표이사 지분 100%에 대한 신탁계약〉** 위탁자 : 대표님 본인 수탁자 : 큰아들(의결권) 수익자 : ① 대표이사 생존 시 → 대표이사 본인 　　　　 ② 대표이사 사후 → 상속인(배우자, 큰아들 및 타 자녀)

신탁계약서상 특별조항 설정
(수익자의 수탁자 견제 기능 포함)

　위탁자는 대표이사 본인이고 수탁자를 큰아들로 해서 일단 의결권을 부여하며, 대표이사 본인 생전에는 수익자를 본인으로 하고, 대표이사 사후에는 수익자를 상속인으로 하는 신탁계약을 합니다. 그리고 특별한 조항을 만들어 신탁계약서상에 설정합니다.

　※ 특별한 조항이란?

　신탁계약서상 수익자의 수탁자 견제 기능을 포함한 것으로서 기업이 정상적으로 운영되는 동안에는 큰아들의(수탁자와 수익자의) 지위를 유지하고 2년 연속 적자가 나면 수탁자는 물론, 수익자에서도 큰아들의 지위가 제외된다는 조항입니다. 그렇게 되면 둘째 아들이 수탁자가 되어 경영권을 가지며, 큰아들은 경영권뿐만 아니라 배당권에서조차도 배제되는 것입니다. 수탁자인 큰아들이 수탁자의 지위를 계속 유지하기 위해서는 회사를 잘 경영해서 배당할 수 있을 만큼의 성과를 내야 한다는 부담을 갖게 되는 것입니다. 이렇게 구체적인 조건까지도 설정이 가능합니다.

대표님은 오너의 마음과 아버지의 마음 2개가 중첩됩니다. 오너의 마음으로는 절대로 지분을 쪼개서는 안 되기 때문에 한 아들에게 경영권을 다 주어야 하고, 아버지의 마음이라면 재산을 골고루 나누어 주어야 하는데 이 두 마음을 충족시킬 수 있는 전략입니다.

▶ 주식신탁계약 후 지분변동

㈜○○공업		
〈지분비율〉	➡	〈지분비율〉
대표이사 100%		큰아들 100%

▶ 사례 3

㈜○○테크
〈지분비율〉
대표이사 50%
큰아들 5%
A 임원 15%
B 임원 15%
C 임원 15%

대표이사 50%, 큰아들인 승계자가 5% 그리고 기업설립 시 함께했던 임원들 A, B, C의 지분이 각 15%입니다. A, B, C 임원들의 입장은 15% 가치만큼의 엄청난 상속세가 부과될 수 있고, 또 회사 입장은 임

원들이 상속세를 내지 못해 물납이 되거나, 압류됐을 때의 리스크를 안아야 합니다. 그래서 A, B, C 임원들은 여러 리스크를 감안하기도 하고 또한 대표님에게 그동안의 감사를 표하고자 승계라는 목적으로 의결권을 승계자에게 신탁하며, 수익권을 사내근로복지기금에 신탁하는 신탁계약을 합니다.

주식신탁계약(A, B, C 임원 지분 신탁계약)

㈜○○테크	
〈지분비율〉	〈임원 지분 45%에 대한 신탁계약〉
대표이사 50% 큰아들 5% A 임원 15% B 임원 15% C 임원 15%	위탁자 : A, B, C 임원 수탁자 : 큰아들(의결권) 수익자 : ① A, B, C 임원 생존 시 → A, B, C 임원 본인 ② A, B, C 임원 사후 → 사내근로복지기금

위탁자는 A, B, C 임원들이고 수탁자는 승계자인 대표님의 큰아들로 해서 의결권을 신탁하고, 수익자는 생전에는 A, B, C 임원들이고 임원들의 사후에는 사내근로복지기금이 배당받을 수 있는 권리를 가지는 수익자가 되는 계약입니다.

여기서 앞에서 다뤘던 사내근로복지기금이라는 비영리법인이 등장합니다. 이 기업에서는 종업원 복지를 위한 제도로서 마침 사내근로복지기금이 운영되고 있었습니다. 사내근로복지기금에 출연되는 금품의 종류에는 제한이 없습니다. 신탁법의 특징인 소유권을 사용·수익할 권리와 처분할 수 있는 권리로 분리할 수 있다는 점에 착안한 사례입니다.

즉, 분리된 의결권을 승계자에게 신탁해서 가업승계와 경영권을 강화하고, 수익권은 함께 근로한 종업원들의 복지에 사용되도록 한 것입니다. 여기서 특이한 점은 수익권이 타인에게 증여되면 증여세가 발생하는데, 사내근로복지기금에는 증여되더라도 증여세가 과세되지 않습니다. 이렇게 설계함으로써 지분비율이 사내근로복지기금에 출연한 수익권 45%와 더불어 대표님 50%, 승계자 50%로 되는 것입니다.

▶ 주식신탁계약 후 지분변동

㈜○○테크	
〈지분비율〉	〈지분비율〉
대표이사 50%	대표이사 50%
큰아들 5%	큰아들 50%
A 임원 15%	
B 임원 15%	
C 임원 15%	

신탁계약은 기존의 세법, 상법으로만 설계되던 가업승계 및 지분정리의 패러다임을 완전히 바꾸는 혁신적인 전략입니다. 널리 발전되어 온 미국의 신탁법에서 영향을 받은 우리나라 역시 미국과 같이 소유권의 사용, 수익, 처분권이 분리되는 것은 당연합니다.

그 대상에 주식도 포함되어 있는 것은 의미하는 바가 크다고 할 수 있습니다. 사례 1, 2, 3처럼 신탁 설정의 가장 큰 특징은 유연성입니다. 이 점을 염두에 두고 가업승계에 활용하면 되겠습니다.

기업회생제도,
위기를 기회로!

개인회생과 마찬가지로 기업도 재무적으로 어려운 처지에 빠지면 기업회생이라는 제도로 법인을 파산시키기보다 법원을 통한 회생절차를 함으로써 기업을 재건할 수 있습니다. 즉, 기업이 회생할 수 있도록 지원과 기회를 주는 제도입니다. 그런데 만일 기업회생의 조건을 갖추지 못했다면 법원의 관리와 감독하에 기업의 재산을 채권자들에게 나누어 주고 법인을 소멸시키는 기업파산을 신청하기도 합니다. 흔히 법정관리라고도 불리는데 정식 법률용어는 '기업회생'과 '기업파산'이 있습니다. 그리고 채권자들이 주도하는 사전채무조정프로그램인 '워크아웃'이 있는데, 이는 법정관리 절차인 기업회생과 구별됩니다.

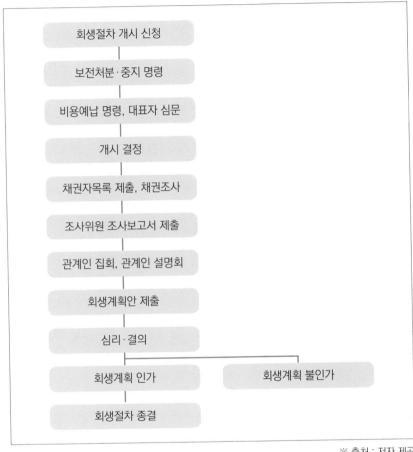

※ 출처 : 저자 제공

워크아웃은 기업경영 과정에서 일시적으로 자금난에 봉착했거나 과다한 이자비용 등으로 정상적인 경영이 어려운 기업에 대해 채권금융기관과 기업이 상호협의하에 대출금(차입금) 만기 및 금리 등을 재조정함으로써 정상기업으로 회생시키는 제도입니다.

※ 관리 주체에 따른 회생제도

관리 주체	구분
법원	기업회생
은행	워크아웃

(1) 기업회생제도 소개

기업회생제도는 기업이 사업을 계속할 때의 가치가 청산할 때의 가치보다 큰 경우, 기업의 자구안(회생계획안)에 대해 채권자들의 동의를 얻어 사업을 유지시키는 제도입니다. 기업회생절차에 돌입하면, 채권자들의 기업에 대한 개별적인 권리 행사가 금지되고, 기업의 채무가 감액 조정된 후, 회생계획안에 따라 채무를 분할변제하면 됩니다.

기업의 회생 신청 이후부터 회생이 종결될 때까지 법원이 그 기업을 관리한다고 해서 법정관리로 표현하기도 하고, 기업도 법인의 일종이므로 기업회생을 법인회생이라고도 합니다.

계속기업가치가 청산가치보다 높으면 기업회생, 청산가치가 계속기업가치보다 높으면 파산의 대상이 됩니다. 기업의 부실화 징후가 발생하면 서둘러 기업회생절차를 준비하는 것이 효과적입니다.

(2) 기업의 부실화 징후

① 매출 감소
② 비용 및 채무의 증가
③ 차입금의 증가와 각종 대금 연체 발생
④ 임직원의 이탈 발생

매출 감소는 경기침체로 인한 소비 감소, 제도의 변화로 인한 시장 규모의 축소, 매출 거래처의 발주 축소와 단가 인하 등이 주된 원인입니다. 비용 및 채무의 증가는 매출원가, 판매비와 관리비의 증가, 우발부채의 증가(투자 실패, 투자 사기, 직원 횡령) 등으로 발생하게 됩니다. 기업의 부실화 예방과 대응 전략으로는 사업의 선택과 집중에 주력하고, 비용 절감 및 자금 확보를 위해 노력하며, 기업 내부 관리를 철저히 하는 것이겠지만, 이러한 노력에도 효과가 없다면 기업회생을 조기에 준비하는 것이 필요합니다.

(3) 기업회생의 골든타임

다음 시점 이전에 기업회생을 준비하는 것이 향후 기업의 성패를 좌우합니다.

① 기존 대출금, 대금의 변제기 연장 없이는 자금 확보가 어려운 시점
② 신규 대출을 받지 못하면 급여 등 운영자금 확보도 어려운 시점
③ 임직원들의 기업계속에 대한 의문으로 이탈이나 동요가 시작되는 시점

(4) 기업회생의 대상과 이점

기업회생은 사업의 계속에 현저한 지장을 초래하지 않고, 변제기에 있는 채무를 변제할 수 없는 경우로서 지급불능 또는 정지, 채무초과 상태인 기업들이 그 대상입니다.

① 현 대표이사가 경영권을 유지하면서 정상화 절차를 밟을 수 있습니다.
② 포괄적 금지명령으로 채권자들의 무분별한 강제집행이 방지됩니다.
③ 특별한 사유가 없는 한 보전처분 후에는 수표 미결제 시에도 '부정수표 단속법'에 의한 형사처벌을 받지 않습니다.
④ 회생절차 진행 중에는 기존 채무변제, 이자 지급 등이 유예되어 기업의 자금을 회생을 위한 자금으로 사용할 수 있습니다.
⑤ 상환능력 범위 내에서 최장 10년간 분할상환하고 일부 채무는 탕감받을 수 있습니다.
⑥ 조기상환 또는 회생계획의 수행에 지장이 없을 경우 조기에 회생절차를 졸업할 수 있습니다.
⑦ 원자재 구입자금결제 등 일상적인 기업활동을 하는 데 특별한 지장이 없습니다.

기업회생제도는 기업인의 재기를 위한 제도입니다. 실무상 상담을 해보면 이미 타이밍을 놓친 경우가 많습니다. 앞서 '기업회생의 골든타임'에서 언급한 대로 조금의 징후라도 보이면 대비해야 합니다. 골든타임을 놓치면 재기의 기회도 사라집니다. 만일 현재 상황이 어렵고 정확한 판단과 신속한 결정이 필요하다면, 즉시 전문가와 상담하시기 바랍니다.

[경영전략]

왜 경영인정기보험인가?
보험을 가장한 법인절세전략상품?

경영인정기보험의 기능과 '상속 후 이익소각'과의 결합으로 어떤 효과가 발생하는지 알아봅니다.

⟫ 3가지 조건을 만족하는 경영인정기보험의 특징

① 대표자 유고 시 상속세 재원 마련
② 법인세 절감 효과
③ CEO플랜으로 활용

(1) 대표자 유고 시 상속세 재원 마련

대표자 유고 시 상속세를 마련할 수 있습니다. 제목에서처럼 경영인정기보험과 '상속 후 이익소각'의 결합으로 상속세를 대비할 수 있습니다. 경영인정기보험은 기업의 대표이사, 임원만 가입할 수 있는 금융상품으로서 대표이사, 임원의 유고 시 사망보험금이 나오는 금융상품입니다.

※ 경영인정기보험과 '상속 후 이익소각'의 이해

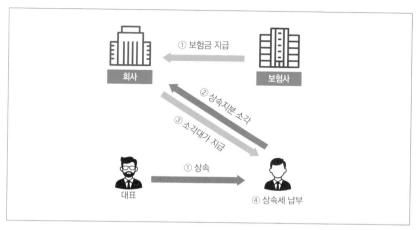

※ 출처 : 저자 제공

① 대표이사 유고 시 상속이 됩니다.

② 상속받은 지분 중 일부를 상속받은 시가에 소각합니다. 앞에서 나온 의제배당을 적용하면, 즉 취득가에서 소각가를 차감한 금액이 배당세의 과표인데요. 취득가와 소각가의 차이가 없어 소각에 따른 배당세도 없습니다.

③ 회사는 보험사로부터 지급받은 사망보험금을 재원으로 해서 소각대가를 지급합니다.

④ 상속인은 소각대가로 상속세를 납부합니다.

☑️ 리마인드 : 의제배당금액

의제배당금액 = 감자대가(소각대가) − 주식 등의 취득가액

(2) 법인세 절감 효과

경영인정기보험의 보험료는 법인의 순자산을 감소시키는 비용처리로 법인세를 줄일 수 있습니다. 법인세법에는 손금의 범위에 관련한 규정이 있는데, 이를 근거로 비용처리를 하는 것입니다.

※ 법인세법 제19조(손금의 범위)

> ① 손금은 자본 또는 출자의 환급, 잉여금의 처분 및 이 법에서 규정하는 것은 제외하고 해당 법인의 순자산을 감소시키는 거래로 인하여 발생하는 손실 또는 비용[이하 "손비"(損費)라 한다]의 금액으로 한다.
> ② 손비는 이 법 및 다른 법률에서 달리 정하고 있는 것을 제외하고는 그 법인의 사업과 관련하여 발생하거나 지출된 손실 또는 비용으로서 일반적으로 인정되는 통상적인 것이거나 수익과 직접 관련된 것으로 한다.

그리고 과세관청의 유권해석에 따르면 보장성보험료의 세무처리에 대해서는 "임원을 피보험자로, 법인을 수익자로 하는 보장성보험료의 세무처리에 대한 기존 해석 사례를 참조하시기 바람"이라는 답변이 있었습니다.

※ 임원을 피보험자로 법인을 수익자로 하는 보장성보험료의 세무처리에 대한 기존 해석 사례

> 퇴직기한이 정해지지 않아 퇴직 시점을 예상할 수 없어 사전에 해지환급금을 산정할 수 없는 경우 법인이 납입한 보험료 중 만기환급금에 상당하는 보험료 상당액은 자산으로 계상하고, 기타의 부분은 이를 보험기간의 경과에 따라 손금에 산입하는 것입니다(기획재정부 법인세제과-306, 2015. 4. 20).

즉, 임원을 피보험자로, 수익자를 법인으로 하는 보장성보험료의 경우 퇴직 시점을 예상할 수 없으며 만기환급금이 없다면 비용·처리하는 것입니다.

다만, 보험료 납입 중에는 전액 손비처리가 되어 법인세가 절감되며, 해약 시 보험사로부터 받는 해약환급금은 전액 익금산입합니다. 해약 시점에 따라 해약환급금의 금액이 다르게 지급되므로 해약환급금의 CEO플랜 활용을 염두에 두고 진행합니다.

(3) CEO플랜으로 활용

보통 CEO플랜은 보험상품으로서 대표이사 유고 시 대비, 퇴직금 마련, 법인세를 절세하는 것을 말합니다. 협의의 CEO플랜은 퇴직금 마련을 위한 준비로서 임원퇴직급여지급규정 관련 정관 내용을 정비하고 근로소득과 퇴직소득을 구분해서 지급하도록 하는 것입니다. 퇴직소득세는 근로소득세에 비해 매우 낮은 세율이 적용되고, 퇴직금은 급여에 비해 한꺼번에 많은 자금이 지출되기 때문에 퇴직금 재원에 대한 준비도 필요합니다.

▶ CEO플랜 예시 : 5년 후 퇴직(해약금으로 퇴직금 일부 보전)

(※ 법인세 19% 가정)

구분	1년	2년	3년	4년	5년	해약 시점
연 보험료	1억 원	1억 원	1억 원	1억 원	1억 원	4억 5,000만 원 (해약금)
누적 법인세절감	1,900만 원	3,800만 원	5,700만 원	7,600만 원	9,500만 원	익금산입 + 법인세 절감

▶ CEO플랜 : 5년 후 퇴직을 위해 상품 해약한 경우

① 누적 보험료 5억 원, 해약금 4.5억 원(90%), 원금과 차이 5,000만 원
② 누적 절감 법인세 9,500만 원(19% 적용)
③ 해약금 4.5억 원 수익
④ 퇴직금 10억 원 중 해약금으로 4.5억 원 충당
⑤ 판관비 지급의 손금 감소 효과 10억 원(비용처리) − 4.5억 원(수익) = 5.5억 원

예시 손실과 이익의 정산(법인세 19% 적용)

구분	손실		이익
납입 보험료와 해약금 차	5,000만 원		
법인세 절감		VS	9,500만 원
퇴직금 10억 원 지급 시	10억 원(비용) − 0(수익) = 10억 원 비용처리		10억 원(비용) − 4.5억 원(수익) = 5.5억 원 비용처리

구분	손실		이익
납입 보험료와 해약금 차	5,000만 원		
법인세 절감		VS	4,500만 원
퇴직금 10억 원 지급 시	10억 원(비용) - 0(수익) = 10억 원 비용처리		10억 원(비용) - 4.5억 원(수익) = 5.5억 원 비용처리

예시 손실과 이익의 정산(법인세 15% 적용)

구분	손실		이익
납입 보험료와 해약금 차	5,000만 원		
법인세 절감		VS	7,500만 원
퇴직금 10억 원 지급 시	10억 원(비용) - 0(수익) = 10억 원 비용처리		10억 원(비용) - 4.5억 원(수익) = 5.5억 원 비용처리

만일 해약금이 없고 순수 판관비로만 퇴직금이 지급된다면 결손에 대한 부담이 커질 수밖에 없습니다. 결손이 나면 기업신용도에도 악영향을 미치고 금융권과의 거래에도 불이익을 받습니다.

경영인정기보험은 보험을 가장한 '법인절세전략상품'이라고 불려도 될 정도로 혜택이 큽니다. 기업 상황에 맞게 잘 활용한다면 경영에 많은 도움이 될 것입니다.

에필로그

기업은 반드시 존속되어야 합니다.
그러기 위해서는…

이 책은 기업이 갑작스럽고 긴급하게 가업승계를 해야만 하는 상황을 방지하고자 탄생됐습니다. 시간이 없을 때는 많은 옵션을 사용하지 못하는 법입니다. 어쩔 수 없이 선택할 수밖에 없는 가업승계는 마음에 들기 어렵습니다. 미리 준비하는 것의 덕목이 아무리 칭찬해도 과함이 없는 것인 반면, 일이 벌어지고 난 뒤에 후회하면 무슨 소용이 있겠습니까?

오랫동안 기업을 경영해왔다고 하더라도 가업승계의 시기는 한순간에 올 수 있습니다. 심각한 일이든, 그렇지 않은 일이든 어제까지만 해도 남의 일이었던 것들이 오늘 나의 일이 된 경우가 흔하지 않습니까?

시간은 속절없이 흘러갑니다. 어렸을 때 초등학교 방학 숙제 중에 저를 제일 괴롭히던 숙제는 일기 쓰기였습니다. 다른 과제물들은 마음만 먹으면 하루 이틀 만에 다 처리할 수 있었지만, 일기 쓰기만큼은 매번 저를 힘들게 만들었습니다. 분명 일기 쓰기를 미루어도 충분히 쓸 시간은 있었습니다. 그러나 언제나 어느새 개학일이 다가오게 되죠. 이런 일은 방학 때마다 반복됐습니다. 방학이 시작할 때는 이번 방학에는 반드시 일기 쓰기를 미루지 않으리라 다짐하지만, 어느새 다른 급하다고 생각했던 하찮은 일들 때문에 일기 쓰기는 미루어버렸죠. 충분히 여유 있다고 생각했던 것이 저를 방심하게 만든 것이었습니다.

기업의 승계에 있어 방심이란 미처분이익잉여금이 늘어나고 기업가치가 상승하는 것을 방치하는 것입니다. 물론 기업가치가 상승하는 것은 기업의 실적이 좋아진다는 의미이기 때문에 반가운 일이지만, 반면에 가업승계의 부담도 비례해서 커진다는 것을 뜻합니다. 결국은 적정한 기업가치 유지, 적정한 미처분이익잉여금 보유, 적정한 지분의 이동이 조화롭게 흘러가도록 경영관리를 하는 것이 바람직합니다.

가업승계를 쉽게, 간단하게, 저렴하게 할 수 있는 방법은 존재하지 않습니다. '가업승계 전략'이라는 말은 말 그대로 장기간에 걸친 계획과 실행들을 사용해서 가업승계를 성공적으로 이루어내는 과정의 총합을 뜻합니다. 1~2가지 이벤트를 통해 달성되지 않음을 알기에 우리는 미리 준비해야 하는 것입니다. 가업승계 방식에는 왕도가 없고, 오직 평소에 관심을 가지고 시기에 맞는 실행을 쌓아 나가는 것이 최고의 방법입니다. CEO님들은 부디 이 책을 가까이 두고 기업경영과 가업승계를 함에 있어 지혜롭게 활용하시기 바랍니다.

이 책을 펴낼 수 있도록 용기를 주신 ㈜두드림미디어의 한성주 대표님께 감사의 말씀을 드립니다. 그리고 저는 이 책이 철저히 실전용으로 사용되기를 기대하기에 설명을 위한 각종 표와 그래프들을 충분히 사용했습니다. 이로 인한 교정과 편집의 어려움에도 불구하고 수고해주신 배성분 팀장님, 신슬기 팀장님과 노경녀 디자이너님께도 감사의 말씀을 드립니다.

이문환

CEO가 알아야 할
가업승계를 위한 10가지 실전 전략

제1판 1쇄 2024년 10월 25일

지은이 이문환
펴낸이 한성주
펴낸곳 ㈜두드림미디어
책임편집 신슬기, 배성분
디자인 노경녀(nkn3383@naver.com)

㈜두드림미디어
등   록 2015년 3월 25일(제2022-000009호)
주   소 서울시 강서구 공항대로 219, 620호, 621호
전   화 02)333-3577
팩   스 02)6455-3477
이메일 dodreamedia@naver.com(원고 투고 및 출판 관련 문의)
카   페 https://cafe.naver.com/dodreamedia

ISBN 979-11-94223-11-5 (13320)